AI 린 스타트업 가이드

AI문고

인공지능 시대입니다. 기계가 인간의 인지를 대신하고, 사물이 인간을 통하지 않고 다른 사물과 직접 커뮤니케이션합니다. 이에 따른 인간 삶과 문명 변화를 정확히 이해 · 예측 · 대응하는 것은 이 시대 우리 모두의 과제입니다. AI문고는 인공지능 기술과 환경의 여러 주제를 10가지 키워드로 정리합니다. 관련 개념과 이론, 학계와 산업계의 쟁점, 우리 일상의 변화를 다룹니다. 인간과 기술의 현재, 미래를 세심히 분석합니다.

일러두기

- 인명, 작품명, 저서명, 개념어 등은 한글과 함께 괄호 안에 해당 국가의 원어를 병기했습니다.
- 외래어 표기는 현행 어문규정의 외래어표기법을 따랐습니다. 다만 '딥러닝', '오버플로우' 등은 관행을 따랐습니다.

처음이세요?

전문가세요?

AI 린 스타트업 가이드

이한진·허웅

대한민국, 서울, 커뮤니케이션북스, 2025

AI 린 스타트업 가이드

지은이 이한진·허웅
펴낸이 박영률

초판 1쇄 펴낸날 2025년 8월 27일

커뮤니케이션북스(주)
출판 등록 2007년 8월 17일 제313-2007-000166호
02880 서울시 성북구 성북로 5-11
전화(02) 7474 001, 팩스(02) 736 5047
commbooks@commbooks.com
www.commbooks.com

ISBN 979-11-430-0628-8 03500

책값은 뒤표지에 표시되어 있습니다.

차례

AI가 재정의하는 린 스타트업

린 스타트업: 불확실성 속 창업의 나침반

창업의 세계는 예측 불가능하다. 창업자는 밤낮으로 아이디어에 몰두하면서도 "내 제품이 실제 시장에서 수용될까?"라는 질문과 끊임없이 씨름한다. 제한된 자원과 예측 불가능한 시장 반응, 빠르게 변화하는 기술 환경은 큰 장벽이 된다. 급격하게 변화하는 소비자 요구는 창업자를 늘 위기 상황으로 몰아넣는다. 명확한 답이 없는 상황에서 창업자는 수많은 시행착오를 거치면서 방향성을 잃고 결국 사업을 포기하기도 한다.

이런 어려움에 현실적인 해결책을 제시한 것이 린 스타트업(Lean Startup) 방법론이다. 에릭 리스(Eric Ries)가 2011년 체계적으로 정립한 이 접근법은 불확실한 환경에서 생존하고 성장하기 위한 창업 철학을 제시한다. "작고, 가볍게 시작해 시장에서 빠르게 배우고 지속적으로 개선한다"는 원칙은 복잡해 보이지만 실행 방법은 직관적이고 실용적이다. 이런 명확성 덕분에 테크 스타트업부터 전통 산업에 이르기까지 다양한 분야에서 실질적인 창업 지침으로 활용되고 있다.

린 스타트업은 구체적인 사업 계획과 대규모 투자에 의존하는 전통적인 접근법과는 근본적으로 다르다. 이 방법론의 중심에는 제품이나 서비스의 가장 기본적인 기능만을 갖춘 초기 버전인 MVP(Minimum Viable Product, 최소 기능 제품)가 있다. 창업자는 MVP를 통해 사용자로부터 직접 피드백을 수집하고, 그 결과를 반영하여 제품과 전략을 지속적으로 조정해 나간다.

가령, AI 개인 비서 서비스를 기획할 경우 처음부터 복잡한 앱 개발에 몇 달을 투자하기보다 기존 메신저나 이메일로 사용자 일정 관리나 업무 알림을 처리하는 방식부터 시작할 수 있다. 이런 접근법으로도 핵심 가설을 며칠 안에 검증할 수 있다. MVP를 활용하면 최소 비용으로 최대 학습 효과를 얻는다. 완벽한 제품을 개발하기보다, 핵심 기능만으로 빠르게 출시해 시장과 고객에게서 가설을 검증해야 한다.

린 스타트업이 가져온 중요한 변화 중 하나는 '실패를 바라보는 관점의 전환'이다. 린 스타트업은 실패를 두려워할 대상이 아닌 '귀중한 배움의 기회'로 보기 때문이다. 먼저 핵심 가치를 제품으로 빠르게 개발(Build)하고, 실제 고객에게 테스트하여 반응을 측정(Measure)하며,

그 결과로부터 무엇이 효과적이고 무엇이 아닌지를 학습(Learn)한다. 이 과정을 빠르게 반복하여 시장에 맞는 제품을 점진적으로 찾아간다. 결국, 실제 경험을 통한 반복 학습이 불확실한 상황에 더 효과적이라고 보는 것이다. 이러한 접근법은 가설을 세우고 실험으로 검증하며 결과를 바탕으로 다음 단계를 결정하는 과학적 방법에 뿌리를 둔다.

하지만 이 방법론에도 한계는 있다. 데이터를 수집하고 분석하는 일, 나아가 이를 기반으로 의사 결정을 내리는 과정은 시간과 전문성을 요구하는데, 창업 초기 단계에서는 이러한 투자나 역량이 부족할 수 있다. 이때 AI 기술의 발전은 어려움을 겪는 창업자에게 해법을 제시할 수 있다.

AI, 창업의 새로운 조력자

린 스타트업이 불확실성 속에서 가설을 검증하며 나아가는 효율적인 길을 개척했다면, 이제 AI 기술은 그 길을 빠르게 나아갈 수 있는 동력이 되고 있다. 불과 몇 년 전까지 대기업의 전유물이었던 AI 기술이 챗GPT(ChatGPT)나 제미나이(Gemini)와 같은 대규모 언어 모델(LLM, Large Language Model)의 등장으로 누구나 활용할 수 있는 일상 도구가 되면서, 창업의 패러다임이 다시 한번 변화하고 있다.

AI의 기술의 가장 큰 특징 중 하나는 특별한 기술 배경 없이도 곧바로 전문가 수준의 도움을 제공한다는 점이다. 예시로, "30대 여성을 위한 홈트레이닝 앱을 준비 중인데, 초기 사용자 인터뷰 질문 10개를 만들어 줘"라고 요청하는 것만으로 심층적인 질문 목록을 얻을 수 있다. "우리 앱의 랜딩 페이지 문구가 타깃 고객의 감성에 부합할까?"라는 질문에는 마케팅 전문가처럼 구체적인 분석과 개선안을 제시한다.

AI의 이러한 역량은 린 스타트업의 핵심인 '개발-측정-학습' 순환 고리와 만났을 때 더 큰 시너지 효과를 낸다. 개발 단계에서 AI는 시장과 경쟁 환경을 분석해 가설 설정을 돕고, 바이브 코딩(Vibe Coding) 도구는 개발자 의도를 파악해 코드를 자동으로 생성하며 MVP 제작 속도를 단축한다. 측정 단계에서는 A/B 테스트로 수집된 데이터를 AI 분석 도구가 단 몇 분 만에 어떤 디자인이 더 효과적인지 통계적 유의성까지 검증하거나, 사용자 인터뷰로 획득한 비정형 데이터에서 사용자가 공통으로 느낀 불편함과 만족감의 패턴을 찾아내 요약하기도 한다. 학습 단계에서는 이렇게 정제된 인사이트를 바탕으로 방향을 전환할지, 개선하며 유지할지, 포기할지 결정하는 조언을 해 주는 비즈니스 컨설턴트 역할을 한다.

린 스타트업과 AI의 결합은 크게 세 가지 측면에서 창업 현장을 바꾼다. 첫째, 시장과 사용자 피드백을 정밀하게 분석해 실패 위험을 크게 줄인다. 둘째, 시장 반응에 기반한 제품 개선과 전략 수정이 빨라져 성장의 속도를 높인다. 마지막으로, AI 챗봇을 통한 24시간 고객 지원이나 맞춤형 콘텐츠 자동 생성과 같이 운영 효율성을 높인다.

변화의 근간에는 기업 운영 방식 자체를 AI 중심으로 재편하는 AI 트랜스포메이션이라는 더 큰 흐름이 있다. 디지털 혁명이 종이 서류를 컴퓨터 파일로 옮기는 것이었다면, AI 혁명은 사람이 하던 판단과 지적 업무 자체를 AI가 대신하는 시대를 연다. 이런 흐름의 최전선에는 AI 네이티브 기업이 있다. 이들은 창업 단계부터 AI 활용을 비즈니스 모델의 핵심 사항으로 설계한다. 사람은 최소한의 방향 설정과 관리를 맡고, 가치 창출과 운영은 AI 시스템이 담당하는 방식이다. 이로써 과거에는 상상할 수 없던 수준의 효율성과 확장성을 갖춘 새로운 차원의 기업이 탄생하고 있다.

린 스타트업과 AI로 만드는 성공 여정

이 책은 아이디어를 현실로 만들고 싶지만 어디서부터 시작해야 할지 막막한 창업자, 특히 기술 배경이 부족한 비개발자 출신 창업자를 위한 실전 가이드다. 창업과 성장의 과정에서 마주하는 도전에 대해, 린 스타트업의 입증된 방법론과 AI라는 강력한 도구를 결합해 구체적인 해법을 제시한다. 이는 이론이나 성공 사례 나열에 그치지 않고, 마치 숙련된 멘토가 옆에서 단계별로 안내하는 경험을 제공하는 것과 같다.

1장 창업의 지혜, 문제에서 출발하라. 대다수 스타트업이 실패하는 이유는 단 하나, 시장이 원치 않는 제품을 개발했기 때문이다. 완성도 높은 제품을 만들고도 시장에서 외면받는 현실이 있다. 이 근본적인 물음에 답하고자 고객 중심, 데이터 기반 결정, 빠른 학습을 내세운 린 스타트업 방법론이 탄생했다. 전통적인 사업 계획과 달리, '개발-측정-학습' 순환 고리로 시장 변화에 민첩하게 반응하는 것이 린 스타트업의 가장 중요한 특징이다. 이 과정에서 MVP는 시장이 외면하는 제품을 만드는 위험을 줄이고, 빠른 학습으로 올바른 방향을 잡도록 돕는다. 많은 창업가가 번뜩이는 아이디어에서 시작한다. 그러나 성공하는 창업가는 '문제' 그 자체에 집중한다. "이 멋진 기술로 무엇을 할까?"가 아니라 "누구의 어떤 불편함을 해결할까?"라는 질문에서 여정을 시작하는 것이다. 창업의 진정한 출발점은 고객이 겪는 문제에 대한 깊은 공감에 있다. 린 스타트업은 이 문제 해결 여정을 체계적으로 이끌어 주는 실질적인 지침이 된다.

2장 AI, 창업 속도의 한계를 넘어라. 린 스타트업 방법론이 창업의 '무엇을'과 '왜'를 다룬다면, AI는 '어떻게'의 속도와 깊이를 혁신하는 강력한 도구다. 기계 학습(Machine Learning)은 과거 데이터를 분석해 잠재적 시장 가설을 수립하고, 딥러닝(Deep Learning)은 소셜 미디어에서 잠재 고객의 최신 트렌드를 포착한다. 생성형 AI는 고객 인터뷰 질문지를 작성하거나 방대한 피드백을 단 몇 초 만에 요약하며 창업자의 실험과 검증을 빠르게 돕는다.

특히 창업 초기 단계에서 AI의 중요성은 더욱 커진다. 소셜 미디어 데이터를 분석해 고객 감정과 선호도를 파악하고, 경쟁사 분석, 가격 정책 수립, 마케팅 전략 개발까지 폭넓게 활용할 수 있다. 적은 자원으로 수많은 과업을 처리해야 하는 스타트업에게 AI는 24시간 쉬지 않고 일하는 유능한 팀원과 같다. 이제 AI 활용 능력은 선택 사항이 아니라 생존과 성장을 결정짓는 주요 역량이 되었다.

3장 고객의 니즈, 성공의 열쇠를 찾아라. 창업 여정은 '무엇을 개발할까'가 아니라 '누구의 어떤 문제를 해결할까'라는 질문에서 시작된다. 고객의 진짜 필요를 파악하지 못하면 아무리 뛰어난 기술도 시장에서 반응을 얻기 어렵다. 고객이 "앱이 느리다"고 불평할 때, 단순히 서버 속도를 높이는 것은 일시적인 해결책일 뿐이다. '5 Whys' 기법처럼 "왜?"라는 질문을 반복해 근본 원인을 파고들면, 복잡한 사용자 인터페이스나 특정 기능의 낮은 접근성이 진짜 문제의 근원임을 발견할 수 있다.

고객의 목소리를 깊이 파고드는 질적 접근과 함께 시장 규모의 객관적 검증이 반드시 병행되어야 한다. 이를 위해 전체 시장(Total Addressable Market, TAM), 유효 시장(Serviceable Available Market, SAM), 수익 시장(Serviceable Obtainable Market, SOM)이 필요하다. 또한 고객이 자신의 생각과 가치관을 솔직하게 드러내는 소셜 미디어를 분석하면, 실제 고객 삶과 시장 분석을 연결하는 생생한 통찰을 얻는다. 이 세 가지 접근법이 균형을 이룰 때, 사업의 성공 가능성을 높이는 단단한 토대를 마련할 수 있다.

4장 MVP, 완벽보다 검증이 먼저다. 고객과 시장 분석을 마쳤다면, 이제 아이디어를 실제 제품으로 구현할 차례다. 이 단계에서 많은 창업가가 '완벽한 첫 제품'이라는 생각에 사로잡히곤 한다. 하지만 제품의 성공은 완벽함이 아닌, 빠른 검증에서 탄생한다. MVP는 핵심 기능만 담아 시장 반응을 신속하게 확인하는 가장 효율적인 방법이다. MVP를 설계하고 테스트하는 방식은 다양하다.

실제 기능 없이 제품 소개 페이지만 개발해 고객 관심도를 측정하는 '가짜 문 테스트(Fake Door Test)', 제품 핵심 기능을 영상으로 소개하는 '영상 데모(Demo Video)', 자동화된 시스템처럼 보이지만 사람이 직접 처리하는 '오즈의 마법사 MVP(Wizard of Oz MVP)', 소수 고객에게 맞춤형 서비스를 제공하며 가치를 검증하는 '컨시어지 MVP(Concierge MVP)' 등이 있다. 어떤 방식을 택하든 MVP의 진정한 가치는 '성공적인 실패'를 통해 가장 값진 교훈을 가장 빠르게 얻는 데 있다. 완벽을 추구하며 시간을 보내기보다, 시장에서의 빠른 학습을 선택해야 한다.

5장 고객 피드백, 제품을 빚는 원동력. MVP로 시장에 첫발을 내디뎠다면, 이제 고객의 목소리가 제품을 발전시키는 가장 중요한 원동력이 된다. 설문 조사, 앱 별점, 소셜 미디어, 고객센터 등 흩어진 피드백을 체계적으로 수집하고 분석하는 시스템을 갖춰야 한다. 이때 AI 기술을 활용하면 의견 취합 과정에서 숨겨진 의미를 발견할 수 있다. 가령, 텍스트 분석은 "좋아요"라는 긍정적 반응 뒤에 숨은 구체적 만족 요인을 찾아내고, 감성 분석은 고객 리뷰에 담긴 감정의 강도를 측정해 우선순위를 정하는 데 도움을 준다.

나아가 예측 분석은 특정 행동 패턴을 보이는 고객의 이탈 가능성을 미리 알려 주기도 한다. 중요한 것은 수집된 데이터를 바탕으로 실행 가능한 통찰을 이끌어 내는 것이다. 정량 데이터와 정성 피드백 사이의 균형을 맞추며, 고객 의견을 제품 개선의 구체적인 행동으로 연결할 때 비로소 진정한 '개발-측정-학습'의 선순환이 완성된다.

6장 피벗, 결정적 순간을 포착하라. 때로는 수많은 고객 피드백이 창업자가 외면하고 싶은 불편한 진실을 가리키기도 한다. 우리가 세운 가설이 시장에서 통하지 않는다는 냉담한 반응에 직면했을 때, 과감한 피벗(방향 전환)은 실패를 성공으로 바꾸는 결정적인 분기점이 될 수 있다. 피벗은 감이나 직관이 아닌, 데이터에 기반한 냉철한 판단을 요구한다. "MAU(Monthly Active User, 월간 활성 사용자)가 3개월 연속 감소하거나, CAC(Customer Acquisition Cost, 고객 획득 비용)가 LTV(Life Time Value, 고객 생애 가치)를 넘어선다"와 같이 검증 가능한 명확한 가설과 기준을 미리 세워 둬야 한다.

피벗을 결정했다면 어떤 방향으로 전환할지 신중하게 선택해야 한다. 목표 고객을 바꾸는 '고객층 피벗', 해결하려는 문제 자체를 바꾸는 '고객 니즈 피벗', 특정 기능에 집중하는 '줌인 피벗'과 기능을 확장하는 '줌아웃 피벗', 판매 채널이나 기술 스택을 변경하는 '채널/기술 피벗' 등 다양한 선택지가 존재한다. 피벗은 정확한 타이밍과 방향성이 중요하며, 이는 실패를 통해 배우는 용기에서 비롯된다.

7장 PMF, 열광의 지점을 찾아라. 피벗을 거쳐 사업 방향을 제대로 잡았다면, 이제 모든 스타트업이 꿈꾸는 목표인 PMF(Product-Market Fit, 제품-시장 적합성)에 도달해야 한다. PMF는 우리 제품이나 서비스가 특정 시장 문제를 완벽하게 해결하여, 고객이 "이것 없이는 안 된다"고 느끼는 열광적인 상태를 뜻한다. 이는 제품을 시장에 억지로 '밀어 넣는' 단계에서, 시장이 제품을 저절로 '끌어당기는' 단계로의 극적인 전환이다.

PMF 달성 여부를 판단하는 가장 대표적인 방법은 션 엘리스 테스트(Sean Ellis Test)다. 고객에게 "만약 이 제품이 내일 사라진다면 어떻겠습니까?"라고 물었을 때, 40% 이상이 "매우 아쉬울 것"이라고 답한다면 PMF에 근접했다는 강력한 신호다. 이 과정에서 많은 창업자가 목표 고객을 불명확하게 설정하거나 불필요한 기능을 남발하는 함정에 빠지곤 한다. 이러한 실수를 피해 사용자가 제품의 핵심 가치를 온전히 경험하고 감탄하는 '아하 모먼트(Aha Moment)'를 찾아내는 것, 이것이 PMF 달성으로 이끈다.

8장 스케일 업, 성장의 엔진을 달아라. 마침내 PMF를 달성했다고 해서 모든 것이 끝난 건 아니다. 초기 성공에 안주하다 성장의 기회를 놓치는 '성장의 정체기'는 생각보다 많은 기업에 찾아온다. 시장과 고객 범위가 넓어지는 새로운 국면에서는 기존의 방정식이 더는 통하지 않을 수 있다. 이제 지속가능한 성장을 위한 새로운 엔진을 장착해야 한다. 가장 대표적인 전략은 기존 사용자가 새로운 사용자를 자연스럽게 끌어들이는 '바이럴 루프(Viral Loop)'를 설계하는 것이다.

또한, 사용자 행동 데이터를 기반으로 맞춤형 콘텐츠나 제품을 추천하는 '개인화' 전략은 고객 충성도를 높이는 강력한 무기다. 여기에 사용자가 늘어날수록 제품 가치가 기하급수적으로 커지는 '네트워크 효과'가 더해지면, 경쟁사가 쉽게 넘볼 수 없는 견고한 장벽을 구축할 수 있다. 이 세 가지 전략이 서로 시너지를 내며 작동할 때, 비로소 제품이 스스로 성장하는 스케일 업이 가능해진다.

9장 린 운영으로 효율성 극대화하기. 빠른 성장은 운영 복잡성 증가라는 새로운 과제를 안겨 준다. 조직이 커질수록 비효율은 곳곳에서 발생하며, 이러한 비효율로 인해 창의적이고 본질적인 업무에 집중할 시간과 에너지는 더 부족해진다. 이때 '린(Lean) 운영'의 지혜는 한정된 자원을 가장 중요한 곳에 집중하도록 돕는다. 반복적인 고객 문의 대응, 데이터 입력, 보고서 작성 같은 업무를 AI로 자동화하면, 팀은 비로소 주요 가치를 창출하는 데 역량을 집중할 수 있다.

예를 들어, AI 챗봇은 24시간 고객 지원 체계를 구축하여 적은 인력으로도 대기업 수준 서비스를 가능하게 한다. 또한, 고객 행동 패턴 분석, 재고 관리 최적화 등 데이터에 기반한 운영 인텔리전스는 자원 배분의 효율을 극대화한다. 궁극적으로 린 운영의 목표는 단순히 비용 절감이 아니다. 자동화로 확보한 시간과 자원을 더 창의적이고 발전적인 일에 투자하는 것, 즉 인간과 기계가 각자의 장점을 가장 잘 발휘하도록 역할과 시스템을 재설계하는 것이다.

마지막 10장 린 스타트업에서 지속가능한 기업으로. 효율적인 운영 체계까지 갖춘 스타트업의 마지막 과제는 단기 성과를 넘어 '지속가능성'을 확보하는 것이다. 일시적인 유행에 그치지 않고 시장에 깊이 뿌리내리는 기업으로 성장하려면 세 가지 중요한 요소를 체계적으로 구축해야 한다. 첫째, 실패를 자산으로 만드는 '학습 조직 문화'다. 프로젝트 사후 검토 회의나 회고 일지 시스템을 통해 실패 원인을 분석하고, 그 교훈이 다음 도전에 반드시 반영되도록 해야 한다.

둘째, 미래 불확실성에 대비하는 '전략적 유연성'이다. 여러 미래 시나리오를 가정하고 대응 방안을 준비하는 시나리오 계획법은 예기치 못한 위기를 새로운 기회로 전환하는 힘을 지닌다. 아울러 LTV(고객 생애 가치)가 CAC(고객 획득 비용)를 최소 3배 이상 상회하는 '안정적인 수익 모델'이다. 이 세 가지 축이 단단한 균형을 이룰 때, 비로소 스타트업은 변화의 파도를 넘어 10년, 20년 후에도 살아남는 기업으로 도약할 수 있을 것이다.

당신의 새로운 창업 여정이 시작된다

앞서 살펴본 바와 같이 린 스타트업과 AI 기술의 결합은 창업 생태계의 기본 원칙을 바꾼다. 과거에는 많은 자본과 인력이 있어야만 제대로 된 서비스를 제공할 수 있었지만, 이제 작은 조직도 AI 기반 응대 시스템으로 상시 고객 서비스를 제공할 수 있다. 자동화된 콘텐츠 제작으로 마케팅을 실행하고 실시간 데이터 해석으로 적시에 의사 결정을 내릴 수 있게 되었다. 그 결과 소규모 기업도 자금력과 인력 규모에서 앞서는 시장 선도기업과 서비스 품질 및 운영 효율성 면에서 대등하게 경쟁할 수 있게 되었다.

그렇다면 이제 직접 창업의 여정을 시작할 차례다. 거

창한 사업 계획서를 작성하거나 완벽한 제품을 개발하려는 시도보다는, 핵심 가치를 간단한 형태로 구현해 실제 고객에게 테스트해 보는 작은 규모의 반복적 실험으로 시작하자. 고객 반응을 빠르게 파악하고 그 피드백을 바탕으로 제품과 전략을 개선해 나가는 학습 과정이 지속가능성을 달성하는 데 큰 힘이 된다. 린 스타트업의 입증된 방법론과 발전하는 AI 기술이 독자 여러분의 창업 여정을 함께 이끌어 줄 것이다.

시장의 불확실성은 여전히 존재한다. 하지만 이제 창업자는 AI의 도움으로 불확실성의 정도와 나아가야 할 방향을 객관적으로 파악하고, 예상치 못한 시장 변화나 고객 요구를 오히려 새로운 비즈니스 기회로 전환할 역량을 갖출 수 있다. 린 스타트업과 AI라는 강력한 도구를 활용하여 누구나 자신만의 비즈니스를 구축할 환경이 마련되었다.

참고문헌

김동진·이성엽(2024). 주요국 AI 창업기업 정책 분석을 통한 국내 시사점 연구. 《Asia-Pacific Journal of Business Venturing and Entrepreneurship》, 19권 2호, 215~235. https://www.koreascience.kr/article/JAKO202414935063161.pdf

김주희(2025). 《AI와 스타트업》. 인공지능총서. 커뮤니케이션북스.
한국수출입은행(2024). 2024년 인공지능 글로벌 트렌드.
https://eiec.kdi.re.kr/policy/domesticView.do?ac=0000190894
Accenture(2025). AI: A Declaration of Autonomy. Technology Vision 2025 Report.
Edge Delta(2025). AI Startup Statistics: Future Trends.
https://edgedelta.com/company/blog/ai-startup-statistics
Ibars, O.(2023. 9. 9). Generative AI Meets The Lean Startup: A Paradigm Shift in Entrepreneurship. *Medium.*
https://medium.com/design-bootcamp/generative-ai-meets-the-lean-startup-a-paradigm-shift-in-entrepreneurship-2097d813ef99
McKinsey(2025). The State of AI: How Organizations Are Rewiring to Capture Value.
Ries, E.(2011). *The Lean Startup: How Today's Entrepreneurs Use Continuous Innovation to Create Radically Successful Businesses.* Crown Business. 이창수·송우일 옮김(2012). 《린 스타트업: 지속적 혁신을 실현하는 창업의 과학》. 인사이트.
Singh, P. D.(2024). CB Insights Top 100 AI Startups Analysis.
http://dx.doi.org/10.2139/ssrn.4787410.
Standford University(2025). The 2025 AI Index Report. Human-Centered Artificial Intelligence.
https://hai.stanford.edu/ai-index/2025-ai-index-report
Taneja, H. & Zakaria, F.(2024. 10. 28.). Can Startups Thrive in an Age of AI?. *Harvard Business Review.*
https://hbr.org/2024/10/ai-is-transforming-the-startup-landscape
Tortoise Media(2024). The Global AI Index.

https://www.tortoisemedia.com/data/global-ai

01
창업의 지혜, 문제에서 출발하라

스타트업 10곳 중 9곳이 실패하는 냉혹한 현실의 주원인은 시장이 원치 않는 제품 개발에 있다. 많은 창업자가 자원이 고갈된 후에야 이를 깨닫지만 이미 늦은 경우가 많다. 린 스타트업은 이런 문제를 해결하기 위해 최소한의 자원으로 단기간에 핵심 가설을 빠르게 검증하는 방법론을 제시한다.

AI와 1인 창업?

왜 대부분 스타트업은 실패할까?

"기획도 제품도 완벽했는데 우리는 왜 실패했을까?" 스타트업 10곳 중 9곳은 실패를 경험한다. 10%의 스타트업은 창업 첫해를 넘기지 못하고, 처음 창업하는 사람의 성공 확률은 단 18%에 불과하다. 대부분 창업자가 기술적 성취에만 몰두한 나머지, 정작 생존을 가르는 "이 제품을 반드시 만들어야만 하는가?"라는 본질을 놓치는 것이 중요한 원인 중 하나다. 시장이 외면하는 제품은 이런 본질을 놓치는 순간에 만들어진다. 고객 니즈를 충족하지 못한 제품과 지속가능성이 없는 비즈니스 모델은 자원 고갈로 이어져 사업 중단으로 귀결된다. 창업자의 신념이 깊을수록 고객의 무관심은 더 큰 상처로 돌아오고 많은 자원을 소진한 뒤에야 '우리가 틀렸다'는 아픈 진실과 마주하게 된다.

이 반복되는 실패의 패턴에서 벗어나려면 접근법의 근본적인 전환이 필요하다. 이때 린 스타트업(Lean Startup)이 등장한다. 이는 모든 자원을 투입해 완벽한 제품을 선보이는 대신, 최소한의 비용으로 핵심 가설부터 빠르게 검증하는 방법론이다. 제품을 완벽한 결과물로 개발하는 목표보다 불확실성을 줄여 나가는 '학습' 그 자체를 중시한다는 점에서 기존 사업 방식과 궤를 달리한다.

이 장에서는 린 스타트업의 핵심 철학과 MVP(Minimum Viable Product, 최소기능제품)을 활용한 가설 검증, 데이터 기반 의사 결정을 통해 불확실성 속에서 성공 가능성을 높이는 방법을 살펴본다.

린 스타트업의 철학과 원칙

《린 스타트업》의 저자 에릭 리스(Eric Ries)는 스타트업을 "극도의 불확실성 속에서 새로운 것을 만들어 내기 위해 설계된 조직"으로 정의한다. 전통적인 사업이 '계획-제작-출시'라는 정해진 선로를 달리는 기차와 같다면, 린 스타트업은 불확실성의 바다를 항해하는 배와 같다. 이런 관점은 업무 절차에 변화를 가져올 뿐만 아니라, 예측 불가능한 변화와 피드백을 당연한 상수로 여기는 사고방식의 전환을 요구한다. 시장 신호를 포착해 빠르게 방향을 수정하는 능력이 곧 기업의 경쟁력이 된다. 완벽한 계획이 아니라 빠른 적응력이 생존을 결정짓는 것이다.

의사 결정의 무게 중심 또한 창업자의 직감에서 고객이 남긴 행동의 증거로 옮겨 간다. 막연한 낙관주의는 자리를 잃고, 측정 가능한 지표가 판단의 근거가 된다. 실패를 바라보는 관점 역시 완전히 바뀐다. 과거에는 숨겨야 할 오점이었던 실패가 이제는 성장을 위한 귀중한 자산으로 재정의된다. 구글의 '실패 무덤'이나 아마존의 실패 공유 문화는 이런 철학이 성공의 중요한 밑바탕이 될 수 있음을 보여 주는 대표적인 사례다. 진정으로 위험한 것은 실패 자체가 아니라, 그 안에서 아무런 교훈도 얻지 못한 채 같은 실수를 되풀이하는 것이다.

이때 빠른 실험을 가능하게 하는 접근법은 MVP, 즉 '최소 기능 제품'이다. MVP는 핵심 가설을 검증할 최소한의 기능만 담은 제품으로, 완성도보다는 속도에 집중한다. MVP는 종이에 그린 스케치일 수도 있고, 사람이 직접 운영하는 수동 서비스의 형태를 띨 수도 있다. 이 접근법의 목표는 최소한의 비용으로 개발하고 출시하여 빠르게 시장의 반응을 확인하는 데 있다. 이것이 완벽한 제품을 추구하는 전통적 방식과의 큰 차이이다.

린 스타트업은 어떻게 실행되는가?

린 스타트업의 원칙은 '개발(Build)-측정(Measure)-학습(Learn)'이라는 순환 고리를 통해 구현된다. 가령, 새로운 피트니스 앱을 개발한다고 하면, 먼저 "사용자는 AI 트레이너의 실시간 피드백을 원할 것이다"라는 가설을 세운다. 그다음, 2주 안에 이 기능 하나만 담은 앱을 만들어 시장에 내놓는다. 사용자가 핵심 가치에 반응하는지 여부를 빠르게 확인하는 '개발' 단계의 첫걸음이다.

최근 AI 기술의 발달로, 챗GPT(ChatGPT)나 제미나이(Gemini) 같은 대화형 AI 도구를 활용하면 개발 단계의 속도를 높일 수 있다. 경쟁 앱 분석, 사용자 니즈 파악, 기능 우선순위 설정 같은 일을 빠른 시일 내에 끝낼 수 있다. 수천 개의 사용자 리뷰를 순식간에 분석해 페인 포인트(Pain Point)를 찾아내고, 이를 해결할 핵심 기능을 도출하며, 개발과 구현을 위한 기술 스택까지 추천한다. 과거 몇 주가 걸리던 시장 조사가 단 며칠로 단축된 것이다.

제품이 시장에 나오면 '측정' 단계가 시작된다. 사용자가 AI 트레이너 기능을 얼마나 쓰는지, AI의 피드백이 운동 지속에 도움이 되는지 데이터를 모은다. 하지만 여기서 주의할 점이 있다. 앱 다운로드 100만 건, 페이지 조회 수 500만 회 같은 숫자는 성공한 듯한 착각을 불러일으킨다. 하지만 이런 '허영 지표(Vanity Metrics)'는 사업의 진짜 건강 상태를 보여 주지 않는다. 집중해야 할 질문은 '고객이 다시 찾아오는가?', '그들이 기꺼이 지갑을 여는가?'와 같은 것들이다. 이런 '실행 지표(Actionable Metrics)'만이 사업의 생존 여부에 대해 알려 준다.

데이터를 분석하는 과정에서도 AI는 데이터 과학자처

럼 유용한 인사이트를 제공한다. '이번 주 가장 많이 이탈한 지점', '긍정 리뷰와 부정 리뷰의 키워드', '사용 시간대별 패턴' 같은 정보를 추출한다. 이런 분석을 통해 사용자 행동 패턴을 발견하고, 제품 개선의 우선순위를 결정할 수 있다.

마지막 '학습' 단계에서는 수집된 데이터를 분석해 처음의 가설이 맞았는지 평가한다. 만약 사용자가 AI 트레이너 기능에 별로 관심이 없었다면, 사용자 데이터를 분석하는 과정에서 예상치 못한 실마리를 찾을 수 있다. 사용자는 AI 트레이너보다 운동 기록을 친구와 공유하는 기능에 더 관심을 보였을 수 있다. 이런 발견을 바탕으로 다시 질문해야 한다. 초기 가설을 고수할 것인가, 아니면 방향을 바꿀 것인가? AI는 이 판단 과정에서 창업자가 시장이 실제로 원하는 것이 무엇인지 정확하게 파악할 수 있도록 돕는다.

이 '개발-측정-학습'의 순환 구조를 통해 창업자는 데이터에 기반하여 주요 의사 결정을 내릴 수 있다. 하지만, 때로는 데이터가 전혀 예상과 다른 방향을 가리키는 경우도 있다. 이때 필요한 것이 피벗(Pivot), 즉 방향 전환이다.

방향 전환의 기술

스타트업의 사례를 들여다보면 처음과는 전혀 다른 모습으로 성장했다는 스토리를 발견하게 된다. 슬랙(Slack)이 그 대표적인 사례다. 스튜어트 버터필드(Stewart Butterfield)는 2011년 온라인 게임 글리치(Glitch)를 출시했지만 시장 반응은 기대에 미치지 못했다. 하지만 팀 내부에서 사용하던 채팅 도구에서 새로운 기회를 발견하게 되었다. 원래는 게임 개발을 위한 부수적인 도구였지만, 사용해 보니 기존의 이메일이나 메신저보다 훨씬 사용성이 좋았다. 그들은 내부 채팅 도구가 주력 제품이었던 게임보다 더 가치가 있을 수 있고 다른 사람도 사용성에 매력을 느낄 것이라는 것을 깨닫는 순간이었다.

이에, 그들은 수년간의 노력이 담긴 게임을 과감히 포기하고 이 도구를 정식 제품으로 개발하기로 결정했다. 2013년 말, 그렇게 세상에 나온 것이 바로 '슬랙(Slack)'이다. 피벗은 본래 농구에서 사용하는 용어다. 한 발을 축으로 방향을 바꾸면서 새로운 공격의 돌파구를 찾는 것처럼 피벗은 사업의 중심축은 유지하면서 새로운 돌파구를 찾는 전략을 의미한다.

물론 모든 피벗이 슬랙처럼 성공하는 것은 아니다. 오히려 많은 스타트업이 '피벗'이라는 명분 아래 조급한 변심을 거듭하다가 남은 자원마저 소진하는 경우도 많이 있다. 실패하는 피벗과 그렇지 않은 피벗의 차이는 무엇일까? 피벗의 성공은 사업 전체를 뒤바꾸는 급진적 변화보다는 핵심 문제에 대한 정확한 진단과 집중적 개선을 통해 달성할 수 있다. 사용자가 실제로 겪는 불편함을 정확히 파악하고, 그 지점을 개선하는 것만으로도 사업의 전환점을 만들 수 있다.

국내 사례로는 '토스(Toss)'가 있다. 토스의 개발사 비바리퍼블리카(Viva Republica)는 처음부터 간편 송금 앱으로 시작한 것은 아니었다. 사용자가 송금 과정에서 반복적으로 겪는 번거로움에 주목하며 전략의 초점을 '송금'에 맞췄다. 2015년, 단 몇 번의 터치로 끝나는 간편 송금 기능을 출시했고, 이를 통해 토스는 출시 3개월 만에 일일 활성 사용자 수 3만 명을 돌파하며 빠르게 시장에 안착했다. 휴대폰 번호만으로 송금할 수 있는 기능을 추가하며 이 분야에서 경쟁사 대비 우위를 확보했다. 이후 토스는 송금을 넘어 계좌, 카드, 투자, 보험, 증권 등으로 서비스 영역을 확장했다. 2024년 말 기준, 토스는 월간 활성 사용자(MAU) 2,480만 명을 기록하며 한국을 대표하는 종합 금융 플랫폼으로 자리 잡았다.

린 스타트업, 어디서부터 시작할까?

린 스타트업의 핵심은 '가설-검증-학습'의 빠른 순환이다. 완벽한 제품 개발에 몇 년을 투자하는 대신, 핵심 기능만 담은 MVP를 먼저 시장에 내놓고 고객 반응을 확인한다. 수집된 데이터를 바탕으로 제품과 전략을 조정하며, 이 과정을 반복하면서 시장 적합성을 높여 간다. 결과적으로 제품은 고객이 실제로 원하는 모습으로 진화하고, 창업자는 시장을 이해하는 역량을 기르게 된다.

이때 중요한 것은 시작부터 완벽을 추구하지 않는 것이다. 시장 검증 없이 세운 정교한 계획보다는 작은 실험을 통한 실제 학습이 더 가치 있다. MVP를 통해 시장과의 첫 대화를 시작하는 것이 좋은 출발점이 된다. 다음 장에서는 AI 기술을 소개하고 린 스타트업 방법을 어떻게 구현할 수 있는지 살펴본다.

[실전 AI 툴 키트] 챗지피티

챗GPT(ChatGPT, https://chatgpt.com)는 오픈AI(Open AI)가 개발한 대규모 언어 모델(LLM)로, 최신 AI 기술을 기반으로 자연어를 이해하고 콘텐츠를 생성할 수 있다. 또한, 이미지과 음성 처리 능력을 갖춘 지능형 비서이자 업무 효율화 도구로 활용된다.

주요 기능

- 멀티모달(Multi-Modal) 상호 작용: 텍스트, 이미지, 음성을 모두 인식하고 처리하여 자연스러운 대화와 콘텐츠 생성을 지원한다.
- 고급 음성 모드: 실시간 대화를 지원하는 기능으로, 사용자의 감정과 어조를 인식한다.
- 프로젝트: 대화, 파일, 지시 사항을 하나의 작업 공간에 관리하여 협업과 아이디어 정리에 유용하다.
- 웹 기반 검색: 최신 정보를 검색하여 시장 동향, 경쟁사 정보, 기술 동향 등 필요한 정보를 얻을 수 있다.
- 달리(DALL · E) 이미지 생성: 텍스트 입력을 통해 제품 이미지, 로고 디자인, 시각 자료를 생성할 수 있다.
- 소라(Sora) 영상 생성: 텍스트 기반으로 짧은 제품 영상, 홍보 영상을 제작할 수 있다.
- 추론 모델: 시장 분석, 사업 계획 수립, 재무 모델링 등 분석과 의사 결정의 아이디어를 얻을 수 있다.

사용 방법

웹사이트나 모바일 앱에 접속하여 텍스트, 음성, 이미지로 질문을 입력한다. 대화 형식으로 아이디어 구체화, 정보 검색, 콘텐츠 생성을 요청할 수 있다. 고급 음성 모드를 통해 이동 중에도 아이디어를 기록하거나 정보를 얻을 수 있다.

활용 팁

창업 과정에서 "사업 계획서 작성", "경쟁사 분석", "마케팅 전략 수립" 등 배경과 목적을 명시하면 더욱 유용한 결과를 얻을 수 있다. 프로젝트 기능을 활용하여 창업 아이디어나 관련 자료, 실행 계획까지 관리할 수 있다. 나아가 추론 모델을 통해 복잡한 문제에 대해서 조언을 받을 수 있다.

참고문헌

비바리퍼블리카(2024.3.13). 토스, 첫 연간 흑자 달성. 토스피드, https://blog.toss.im/article/FirstFullYearNetProfit

이재훈(2024.8.27). 토스를 성공으로 이끈 결정적 장면들. 테크잇슈. https://openads.co.kr/content/contentDetail?contsId=14043

CB Insights(2021.8.3). The top 12 reasons startups fail. *CB insighits Research*, https://www.cbinsights.com/research/startup-failure-reasons-top/

Clark, K.(2019.5.30). The Slack origin story. *TechCrunch*, https://techcrunch.com/2019/05/30/the-slack-origin-story/

Falkman, D.(2024.10.21). How AI can work with lean startup to create great products faster and de-risk development. *Medium*, https://drewfalkman.medium.com/how-ai-can-work-with-lean-startup-to-create-great-products-faster-and-de-risk-development-eff70a1e5122

Kotashev, K.(2024.1.9). Startup failure rate: How Many Startups Fail and Why in 2024?. *Failory*, https://www.failory.com/blog/startup-failure-rate

Ries, E.(2011). *The Lean Startup: How Today's Entrepreneurs Use Continuous Innovation to Create Radically Successful Businesses*. Crown Business. 이창수·송우일 옮김(2012). 《린 스타트업: 지속적 혁신을 실현하는 창업의 과학》. 인사이트.

Singla, A., et al.(2024.5.30). The state of AI in early 2024: Gen AI adoption spikes and starts to generate value. *Mckinsey*. https://www.mckinsey.com/capabilities/quantumblack/our-insights/the-state-of-ai-2024

Taneja, H. & Zakaria, F.(2024.10.28). Can startups thrive in an age of AI?. *Harvard Business Review*. https://hbr.org/2024/10/ai-is-transforming-the-startup-landscape

Tang, X., Du, S., & Deng, W.(2025). Business innovation in digital startups: A case study of an AI startup. *International Review of Economics & Finance, 98*, 1-12

02
AI, 창업 속도의 한계를 넘어라

AI는 더 이상 전문가나 대기업만의 영역이 아니다. 이 장에서는 이러한 변화가 창업 환경에 미치는 영향과 스타트업이 AI를 통해 새로운 기회를 만드는 방법을 구체적으로 살펴본다. 이제 AI는 먼 미래의 기술이 아니라, 실무에서 바로 활용할 수 있는 강력한 도구가 되었다.

AI와 MBTI?

왜 지금 창업자에게 AI가 필요한가?

"AI가 강력하다고 하는데, 사업에 당장 어떻게 쓰죠? AI는 저희 사업과는 거리가 멀어요." 창업자가 처음 AI를 마주할 때 낯설고 막막한 감정을 느끼는 경우가 많았다. 불과 몇 년 전까지만 해도 AI는 대기업이나 전문가의 전유물처럼 느껴졌다. 특히 기술 배경이 없는 창업자에게 AI는 여전히 진입 장벽이 높게 느껴지는 어려운 영역이다.

하지만 이제는 상황이 완전히 바뀌었다. AI는 이제 경쟁력 확보를 위해 필수적으로 활용해야 하는 시대의 '기본값'이 되었다. 산업혁명의 증기기관이 공장의 풍경을 바꿨듯, AI는 창업자에게 대기업과 겨룰 만한 기술과 속도를 제공한다. 자원이 부족한 스타트업도 누구와도 경쟁할 수 있는 새로운 판이 열렸다. 이 장에서는 AI의 기본 개념을 설명하고, AI 도구와 예산 규모별 도입 전략을 소개한다.

AI는 린 스타트업에서 어떤 역할을 할까?

린 스타트업의 여정에서 AI 기술은 창업자가 복잡한 문제에 부딪혔을 때 새로운 해결책을 제시한다. 먼저 기계학습(Machine Learning, ML)부터 살펴보자. 컴퓨터가 여러 알고리즘에 따라 스스로 패턴을 찾아내 학습하는 방식이다. 사용자 행동 예측, 시장 트렌드 분석, 고객 세분화 등에 활용되어 데이터 기반 의사 결정을 지원한다. '어떤 기능이 사용자 유지에 좋은가?' 또는 '어떤 가격대가 전환율을 최대화하는가?'와 같은 질문에 대한 인사이트를 제공한다.

딥러닝(Deep Learning, DL)은 인간 두뇌의 신경망을 모방한 알고리즘으로, 복잡한 데이터 구조를 심층적으로 분석하고 이미지나 텍스트 같은 비정형 데이터에서도 유용한 패턴을 발견한다. 생성형 AI(Generative AI)는 학습한 대규모의 데이터를 바탕으로 신제품 아이디어 발상, MVP(Minimum Viable Product, 최소 기능 제품) 제작, 콘텐츠 생성, 디자인 제안, 코드 작성 같은 창의적 영역에서 능력을 보여 준다.

예술가가 다수의 작품을 감상한 후 자신만의 감각으로 새 그림을 창조하듯, 여러 유형의 데이터를 동시에 처리하는 멀티모달(Multimodal) 방식으로 텍스트, 이미지, 오디오, 코드를 학습해 결과물을 생성한다.

그렇다면 이런 다양한 AI 기술들을 실제 비즈니스에서는 어떻게 단계적으로 도입할 수 있을까? 글로벌 커뮤니케이션 플랫폼인 디스코드(Discord)의 경험을 통해 살펴보자. 게이머용 음성 채팅 도구로 시작된 디스코드는 미드저니(Midjourney) 같은 생성형 AI 앱들이 활발히 활동하는 플랫폼 환경에서 자체 AI 기능 개발에 나섰다.

디스코드는 완벽한 AI 솔루션을 한 번에 구현하기보다 단계적 접근을 택했다. 2022년 6월 출시된 오토모드(AutoMod)는 커뮤니티 관리자가 '규칙 위반 콘텐츠 감시에 시간을 쓰기보다는 커뮤니티 문화 조성에 더욱 집중할 수 있도록' 지원하는 규칙 기반 시스템으로, 메시지가 서버에 게시되기 전에 미리 스캔하여 차단하는 사전 차단 기능을 제공했다. 사용자 반응이 긍정적이자 2023년 3월 오픈AI 기술을 통합한 '오토모드 AI'로 업그레이드했다. 키워드 매칭과 더불어 대화의 전체적인 맥락을 이해하는 정교한 시스템으로 발전시켰고, 현재 플랫폼 주요 기능으로 자리 잡았다.

반면 같은 시기 시도된 클라이드(Clyde) 업그레이드는 다른 결과를 보였다. 기존의 도우미 봇을 챗GPT 수준의 생성형 AI로 실험적 업그레이드하여 '@Clyde' 호출로 질문 응답, GIF 추천, 대화 요약 등 다양한 기능을 제공했다. 하지만 일부 서버에서 테스트한 후 2023년 12월 실험을 종료했다.

디스코드의 사례는 린 스타트업 방식과 비슷한 면이

있다. 작은 기능으로 시작해 사용자 반응을 보고 판단하는 방식이다. 고객에게 입증된 기능은 유지하고, 그렇지 못한 기능은 중단하는 실용적 접근을 보여 준다. AI 도입은 단계적 실험과 지속적 개선으로 접근하는 것이 중요하다. 이제 창업자가 실제로 활용할 수 있는 구체적인 AI 도구들을 살펴보자.

쉽게 활용할 수 있는 AI 도구

AI 도구의 세계는 넓지만, 그 목적에 따라 크게 몇 가지 흐름으로 나눌 수 있다. 한 축은 데이터를 분석하고 미래를 예측하는 도구다. 복잡한 고객 피드백에서 의미를 찾거나 수요를 정확히 예측하는 데 진가를 드러낸다. 또 다른 축은 패턴을 파악하는 도구로, 고급 이미지 인식이나 다차원 콘텐츠 분석에 특화되어 있다. 그중에서도 여기서 집중적으로 살펴볼 것은 텍스트, 이미지, 코드 등을 직접 만들어 내는 생성형 AI 도구다.

아이디어를 구체화하고 사업 전략을 수립할 때는 챗GPT나 제미나이(Gemini)가 든든한 조력자 역할을 한다. '30대 직장인을 위한 건강 관리 앱 아이디어 다섯 가지' 같은 영감을 얻는 것은 물론, 기초적인 시장 조사를 빠르게 진행하고 바로 전략 수립에 들어갈 수 있다. 계속 새로운 기능이 업그레이드되면서 글쓰기 보조를 근간으로 사업 모델과 고객, 가치를 설계하는 전략적 파트너가 되어 가고 있다.

특히 챗GPT와 제미나이 등 AI 도구의 경쟁 구도 속에서 매달 새로운 기능이 출시되는 양상은 주목할 만하다. 선의의 경쟁 덕분에 사용자인 우리는 더 좋은 도구를 쓸 수 있게 되었다. 하지만 기술 발전 속도는 창업자에게 지속적인 학습과 기민한 적응이 더욱 중요해졌음을 시사한다.

아이디어 시각화가 필요할 때는 미드저니나 어도비 파이어플라이(Adobe Firefly) 같은 도구가 유용하다. 이미지 생성 AI 도구는 불과 1년 전만 해도 손가락이 여섯 개인 이미지를 만들고 이미지에 있는 글자 표현에 서툴고 어색했지만, 이제는 많이 발전되어 현실과 근사한 결과물을 생성해 낸다. 특히 캐릭터 일관성 문제가 크게 개선되어 브랜드 마스코트나 연속된 스토리보드 제작이 훨씬 수월해졌다.

게다가 캔바(Canva)를 이용하면 로고부터 투자 제안서(Pitch Deck)까지 일관된 브랜드 자료를 신속하게 만들 수 있다. 런웨이(Runway)나 클링AI(KlingAI) 같은 영상 생성 도구는 생동감 있는 제품 시연 영상을 제작하여 정적인 이미지보다 더 설득력 있는 시각 자료를 제공한다. 투자자나 초기 사용자의 관심을 잘 끌 수 있다. 디자인 전문가가 없는 초기 스타트업에게도 머릿속 아이디어를 손에 잡히는 현실로 만들어 준다.

기술 아이디어를 신속하게 검증하고 싶을 때는 코드 생성 도구가 유용하다. 최근 개발자 커뮤니티에서는 '바이브 코딩(Vibe Coding)'이라는 말이 유행할 정도다. 예전에는 한 줄의 코드를 위해 스택 오버플로(Stack Overflow)를 뒤져 가며 밤새 고민했다면, 이제는 추상적인 아이디어를 제시하는 것만으로도 AI가 완성도 높은 코드 초안을 신속하게 생성한다.

비개발자도 AI 도구의 도움으로 간단한 프로토타입을 만들 수 있게 되었다. 실제로 커서(Cursor)나 리플릿 에이전트(Replit Agent)에 "식단 기록 기능이 있는 랜딩 페이지 코드"처럼 요청해 실행 가능한 결과물을 얻을 수 있다. 물론 처음엔 에러가 나는 경우도 있고 한 번에 기대했던 대로 나오지 않을 수도 있다. 하지만 몇 번의 시행착오를 거치면 MVP 개발 시간과 비용을 상당히 줄일 수 있다.

텍스트, 이미지, 코딩 영역에서 AI 도구들이 창업자의 아이디어를 현실로 만드는 핵심 역할을 하고 있다. 하지만 유용한 도구가 많을수록 선택의 고민은 깊어진다. 예산 범위 내에서 적절한 도구를 선택하고 단계별로 도입하는 전략이 필요하다.

예산별 AI 도구 도입 전략

지금까지 다양한 AI 도구와 그 활용법을 살펴보았다. 하지만 스타트업이 모든 도구를 한꺼번에 쓰기는 어렵다. 스타트업은 성장 단계와 가용 예산에 맞춰 AI 활용 범위를 점진적으로 넓혀야 한다. 특히 초기 스타트업은 매달 지출되는 자금인 현금 소진율을 최대한 낮게 유지하는 것이 생존과 성장에 무엇보다 중요하다.

굳이 비용을 쓰지 않아도 챗GPT 무료 버전으로 리서치를 하거나 레오나르도AI(Leonardo.ai) 같은 이미지 생성 도구의 무료 크레디트를 이용하여 초기 콘텐츠를 만들며 아이디어의 가치를 증명할 수 있다. 월 10만 원 수준의 예산이 확보되면, 감마.앱(Gamma.app)으로 발표 자료를 만들고, 미드저니로 고품질 이미지를 생성하거나 커서로 코드를 자동 생성하는 등 유료 기능으로 생산성을 높일 수 있을 것이다.

사업이 성장 궤도에 오르면 자동화는 더욱 전문적인 영역으로 확장된다. 재스퍼 AI(Jasper AI)로 마케팅 콘텐츠 제작을 자동화하고 퀄트릭스(Qualtrics)로 설문 데이터를 분석해 고객 경험을 관리하는 식이다. 팀이 반복 업무보다는 비즈니스의 핵심 영역에 집중할 수 있도록 업무 단계(워크 플로)를 개선할 수 있다.

무료 도구로 가치를 검증하고, 유료 도구로 성장을 가속하며, 자동화로 팀의 역량을 극대화하는 단계적 접근이 효과적이다. 이제 적절한 도구와 예산 계획을 파악했으니, 실제 실행에서 주의할 점들을 살펴보자.

AI를 활용해 어떻게 실행해야 할까?

지금까지 다양한 AI 도구와 예산별 진입 전략을 살펴보았다. 이제 실행에 집중해 보자. AI는 이제 접근하기 쉬운 기술로 창업자에게 실행 속도와 분석력을 제공하는 전략적 파트너다. 기술의 완벽한 이해보다 작은 실험을 꾸준히 반복하며 역량을 점진적으로 쌓아 나가는 마음가짐이 더 중요하다. 매주 하나의 업무를 텍스트, 시각화, 코딩 도구로 자동화하는 소소한 실험만으로도 창업자의 디지털 역량은 자연스럽게 강화된다.

어떤 AI 도구가 우리 사업에 최적의 해결책이 될지는 직접 써 보기 전에는 알 수 없다. 거창한 계획보다 실험과 학습을 반복하며 확실한 길을 찾는 것이 현명하다. 다음 장에서는 AI 도구를 활용해 시장의 필요와 고객의 요구를 파악하는 방법을 탐색한다. 특히 사용자 인터뷰, 시장 조사, 고객 니즈 파악에서 AI가 창업자의 의사 결정을 지원하고 과정을 체계화하는 방법을 알아본다.

[실전 AI 툴 키트] 커서

커서(Cursor, www.cursor.com)는 최신 AI 기술을 기반으로 한 코드 편집기로, AI 기반 코드 생성 및 편집 기능을 통해 개발자의 생산성을 향상하는 바이브 코딩 도구다. 코드 작성, 리팩토링(Refactoring), 문서화, 오류 분석 등을 지원하는 통합 개발 환경(IDE, Integrated Development Environment) 수준의 고도화된 기능을 제공한다.

주요 기능

- 코드 생성: 자연어 설명이나 기능 요구 사항만으로 전체 함수, 컴포넌트, 알고리즘 생성하며, 프로젝트 맥락을 이해하여 일관성 있는 코드를 제안할 수 있다.
- 코드 편집: 기존 코드 베이스를 분석하여 맥락에 맞는 개선 사항, 버그 수정, 코드 최적화를 제안하며 리팩토링 작업도 지원한다.

- 코드 검색: 대규모 코드 베이스에서 자연어 질문을 통해 관련 코드를 검색하고 이해할 수 있도록 지원하여, 개발자의 적응 시간(온보딩, Onboarding)을 줄이는 데 도움을 준다.
- 오류 분석/문제 해결: 오류 메시지를 분석하여 원인과 해결책을 제안하며 버그의 해결 방안을 제시한다.

사용 방법

PC에 설치하여 채팅을 통해 자연어로 코드 생성, 편집, 검색, 오류 분석을 요청한다. 필요한 기능을 설명하거나 기존 코드를 선택하여 AI에게 작업을 지시하고, 생성된 코드나 수정 제안을 검토하여 프로젝트에 활용할 수 있다. 개발자는 마치 AI 동료와 협업하듯 코드 작성부터 문제 해결까지 실시간 지원을 받는다.

활용팁

창업 단계에서 MVP 개발에 활용하면 개발 시간과 비용을 크게 줄일 수 있다. 기능 요구 사항을 자연어로 설명하고 코드 생성을 요청한 후, 생성된 코드를 검토하여 필요에 맞게 수정하는 방식으로 활용할 수 있다. 단, 보안이 중요한 코드나 핵심 로직은 반드시 개발자가 직접 검토해야 한다.

참고문헌

Binder, M.(2023.3.9). Discord is rolling out new features powered by AI. *Mashable.* https://mashable.com/article/discord-ai-features-announcements

Brier, E.(2025.4.10). How Forbes compiled the 2025 AI 50 list. *Forbes.* https://www.forbes.com/sites/elisabethbrier/2025/04/10/how-forbes-compiled-the-2025-ai-50-list/

Hatmaker, T.(2022.6.16). Discord gives servers a way to intercept spam and harmful content, will expand premium memberships. *TechCrunch.* https://techcrunch.com/2022/06/16/discord-automod-premium-memberships/

Kan, M.(2023.3.9). Discord uses AI to upgrade Clyde chatbot, add 'conversation summaries'. *PC Magazine.* https://www.pcmag.com/news/discord-uses-ai-to-upgrade-clyde-chatbot-add-conversation-summaries

MIT Technology Review(2024.8.26). Readying business for the age of AI. Humans and Technology. https://www.technologyreview.com/2024/08/26/1096349/readying-business-for-the-age-of-ai/

Ortiz, S.(2025.1.10). The best AI tech of CES 2025: Neural wristbands, smart mirrors and more. *ZDNet.* www.zdnet.com/article/the-best-ai-tech-of-ces-2025-neural-wristbands-smart-mirrors-and-more/

Patel, L.(2020). Lean AI: How innovative startups use artificial intelligence to grow. *O'Reilly Media*.

Warren, T.(2023.11.17). Discord is shutting down its AI chatbot Clyde. *The Verge*. https://www.theverge.com/2023/11/17/23965185/discord-is-shutting-down-its-ai-chatbot-clyde

WEF(2025). Blueprint for Intelligent Economies: AI Competitiveness through Regional Collaboration. AI Governance Alliance, World Economic Forum, In collaboration with KPMG. White Paper. https://reports.weforum.org/docs/WEF_A_Blueprint_for_Intelligent_Economies_2025.pdf

03
고객의 니즈, 성공의 열쇠를 찾아라

스타트업 성공에는 기술보다 고객 문제 해결이 더 중요하다. 5 Whys 기법, 시장성 평가, 감정 분석은 고객의 니즈를 발견하는 주요 방법론이다. 창업자는 겉으로 드러난 요구 사항 이면의 진짜 문제를 파악함으로써 설득력 있는 가치를 제안할 수 있다. 이때 AI 도구는 고객 니즈를 체계적이고 효율적으로 분석하는 데 도움이 된다.

AI와 난임 극복?

왜 고객의 진짜 문제를 찾아야 할까?

"우리 제품은 새롭고 혁신적인데, 왜 사용자가 많지 않을까?" 기술에 자신이 있는 창업자라도 이런 고민 앞에서는 작아질 수밖에 없다. 새로운 기술로 독창적인 제품을 개발하는 것과 시장에서 성공하여 고객의 인정을 받는 것은 전혀 다른 문제다. 개발자 출신 창업자에게서 흥미로운 패턴이 나타나곤 한다. 자신이 겪었던 불편함을 기술적으로 해결한 제품을 출시한 후, 예상치 못한 시장의 무관심에 당황하는 것이다.

문제는 창업자 개인의 불편함과 고객의 니즈 사이에 간극(Gap)이 존재한다는 점이다. 개발자에게 코드 최적화가 절실한 문제일 수 있지만, 사용자에게는 간편한 사용법이 훨씬 중요할 수 있다. 이 간극을 해소하려면 창업자는 고객이 표현하는 피드백 이면에 있는 숨은 니즈를 파악해야 한다. 고객이 말로 표현하는 요구 사항과 실제로 해결하고 싶어 하는 문제가 다른 경우가 많기 때문이다.

과거에는 숨겨진 니즈를 찾기 위해 수많은 인터뷰와 설문 조사가 필요했지만, 이제 AI 기술이 복잡한 분석을 어렵지 않게 수행하고 방대한 고객 데이터에서 놓치기 쉬운 미묘한 패턴까지 잡아낸다. 이 장에서는 고객의 진짜 문제를 찾는 구체적인 방법과 발견한 문제가 실제 비즈니스 기회가 될 수 있는지 검증하는 과정을 다룬다.

5 Whys: 문제의 진짜 원인

고객의 문제를 찾는 첫 번째 접근법은 '5 Whys'다. 이는 문제의 표면적인 증상에서 시작하여 연속적으로 '왜?'라는 질문을 다섯 번 던짐으로써 근본 원인을 단계적으로 파악하는 과정이다. 세 번째 "왜?"에서 그럴듯한 답이 나오면 거기서 멈추는 경우가 많다. 하지만 진짜 근본 원인은 네 번째나 다섯 번째 질문에서 나타난다.

고객 스스로도 자신의 행동 동기를 정확히 인식하지 못하는 경우가 많다. 자신도 정확히 모르는 상태에서 그럴듯한 이유로 포장하거나 사회적으로 바람직한 답변으로 이유를 설명하기도 한다. 여기서 창업자의 집요함이 중요하다. 표면적인 답변에 안주하지 않고 계속해서 파고들어야만, 고객도 미처 자각하지 못했던 진짜 문제에 다가갈 수 있다.

어떤 문제를 해결할지 선택하는 것은 그 문제를 푸는 방법만큼이나 비즈니스의 성패를 좌우한다. 배달의민족 앱을 운영하는 우아한형제들의 '리뷰 관리' 접근 방식 사례는 좋은 교훈을 준다. 이들은 할인 쿠폰이나 배달 속도

같은 표면적인 경쟁 요소보다 더 근본적인 문제, 즉 '조작된 리뷰로 인한 플랫폼 신뢰도 붕괴'를 비즈니스 존속을 위협하는 중요한 과제로 판단했다. 이는 "음식점이 음식 맛이라는 가장 근본적인 경쟁력으로 소비자 선택을 받을 수 있어야 하고, 그러기 위해서는 리뷰의 신뢰도는 필수"라는 생각과 직결되는 문제였기 때문이다.

이들의 대응은 장기적이고 다층적인 시스템 구축으로 진화했다. 2019년 리뷰 검수 전담 조직을 꾸렸고, 불법 조작업자를 직접 고소해 실형 선고를 이끌어 내는 등 강경한 법적 대응을 이어갔다. 기술적으로는 2021년 허위 리뷰 사전 차단 시스템을 도입하고, 기계 학습과 소셜 네트워크 분석을 결합해 조작 그룹을 통째로 찾아내는 모델로 고도화했다.

그 결과, 2021년에만 11만 건의 허위 리뷰를 적발했고, 2022년 초에는 허위 의심 리뷰에 대한 사용자 제보가 전년 최고치 대비 60% 이상 줄었다. 여기에서 멈추지 않고 2022년 말에는 양질의 리뷰를 먼저 보여 주는 '리뷰 추천순' 기능과 작성자 성향을 알려 주는 '리뷰 통계'를 도입해 사용자 선택권을 넓혔다. 같은 해 12월에는 국내 플랫폼 최초로 온라인 리뷰 국제표준(ISO20488)까지 도입하며 신뢰도 강화에 쐐기를 박았다. 이 사례는 본질적인 신뢰 문제를 선택하고, 한 번의 해결에 안주하지 않고 기술적, 정책적 대응 수위를 계속 높여 나간 집요함이 지속가능한 경쟁력을 만든다는 것을 보여 준다.

실제로 문제의 근본 원인을 탐색하는 과정에서 챗GPT(ChatGPT)나 제미나이(Gemini) 같은 도구는 고객 리뷰와 피드백 분석에서 뛰어난 성능을 보인다. 앱스토어 리뷰, 고객 인터뷰 녹취록, 소셜 미디어 댓글 등을 텍스트로 정리한 후 "이 리뷰 데이터에서 가장 빈번한 불만 사항과 그 원인을 단계적으로 파악해 주세요"라고 요청하면, AI는 문제의 패턴을 체계적으로 분석해 공통된 불만 사항과 그 이면의 근본 원인까지 식별하여 제공해 주고 있다.

AI로 시장성을 어떻게 확인할까?

5 Whys를 통해 고객의 진짜 문제를 발견했다면, 다음 단계는 '이 문제로 고통받는 고객이 충분히 많은가?'를 확인하는 것이다. 아무리 본질적인 문제라도 시장이 작다면 사업 기회가 되기 어렵다. 따라서 발견한 문제가 실제로 해결할 만한 경제적 가치를 지니는지 확인하는 과정이 필요하다.

창업자가 함정에 빠지기 쉬운 지점이 바로 여기다. 시

장을 단순한 숫자 하나로 파악하려 든다는 것이다. 하지만 시장은 훨씬 복잡하고 입체적인 개념이다. 보이는 부분과 실제 활용 가능한 부분이 다르기 때문이다. 창업자가 반드시 구분해서 파악해야 할 지표는 세 가지다. 먼저 전체 시장(TAM, Total Addressable Market)이 있다. 이는 '만약 모든 조건이 완벽하다면' 이론적으로 도달할 수 있는 전체 시장의 크기다.

그다음은 유효 시장(SAM, Serviceable Available Market)인데, 여기서 현실적 조건이 개입한다. 즉, 기술적 한계, 지리적 제약, 시간적 조건 등을 고려했을 때 기업이 실제로 접근할 수 있는 시장 영역이다. 마지막으로 수익 시장(SOM, Serviceable Obtainable Market)은 가장 냉정한 현실 검증이다. 경쟁사, 자원 제약, 시장 진입 장벽 등을 모두 감안했을 때 지금 당장 공략 가능한 시장의 실체다.

흔한 착각이 여기서 발생한다. "수조 원 규모의 시장"이라는 표현을 보면서 "1%만 차지해도 성공"이라고 생각하는 것이다. 그러나 현실에는 진입 장벽, 경쟁사의 견고한 점유율, 고객 전환 비용 등이 존재한다. 따라서 화려한 전체 규모에 현혹되지 말고, 현재 직접 진출할 수 있는 수익 시장에 주목해야 한다. 새로운 기술 기반 스타트업이 조심해야 할 또 다른 함정이 있다. 바로 '우리 기술로 창출될 새로운 시장'을 근거로 시장 규모를 계산하는 경우다. 하지만 새로운 시장이 형성되려면 상당한 시간과 고객 교육 비용이 필요하며, 초기 스타트업이 감당하기 어려운 수준일 수 있다.

공공데이터 포털, 산업별 협회 보고서, 네이버 데이터랩, 구글 트렌드 등을 통한 시장 분석은 스타트업이 한정된 자원을 어떻게 활용할지 가이드라인을 제공한다. 특히 어떤 고객과 제품에 집중할지, 자금을 어디에 우선 투입할지 결정하는 데 중요한 근거가 될 수 있다. 다양한 데이터를 빠르게 수집하고 교차 검증해야 할 때는 퍼플렉시티 같은 AI 검색 도구를 활용할 수 있다. 예를 들어 "2025년 한국 운동 모바일 앱 시장 규모와 최근 3년간 성장률을 알려 줘"라는 질문을 통해 출처가 포함된 데이터를 빠르게 확보하는 식이다.

여기서 중요한 것은 데이터의 신뢰성이다. 인터넷에 공개된 시장 정보 중에는 특정 업체가 마케팅 목적으로 과장하거나 부풀린 내용이 섞여 있기 때문이다. 따라서 여러 출처의 데이터를 교차 검증하고, 되도록 공신력 있는 기관의 자료를 우선 활용해야 한다.

고객 니즈, 소셜 미디어에서 찾아라

시장 규모를 확인했지만, 여전히 중요한 의문이 남는다. '고객이 이 문제 해결에 과연 돈을 쓸 의향이 있을까? 있다면 얼마나 될까?' 공식적인 조사에서는 긍정적으로 답하더라도 실제 행동은 다를 수 있다. 여기서 소셜 미디어 분석이 세 번째 검증 방법으로 등장한다.

소셜 미디어는 고객 분석에 독특한 기회를 제공한다. 고객이 상대적으로 자연스럽고 솔직한 반응을 보이기 때문이다. 특정 제품이나 서비스에 대한 불만, 기대, 사용 경험 등이 여과 없이 드러난다. AI 자연어 처리 기술을 활용하면 대화 속에서 패턴과 연결 고리를 체계적으로 분석할 수 있다. 텍스트에 담긴 감정을 긍정, 부정, 중립으로 분류하고 수치화하여 고객의 진짜 목소리에 한층 가까이 다가갈 수 있다.

물론 주의해야 할 점이 있다. 소셜 미디어에서 적극적으로 의견을 표현하는 사용자는 실제 고객층의 극히 일부에 불과하다. 또한 부정적인 피드백은 소셜 미디어 특성상 실제보다 크게 증폭되어 나타나는 경향이 있다. 결국 소셜 미디어에서 발견한 패턴을 맹신하기보다는 다른 데이터와 교차 검증하며 신중하게 해석하는 자세가 필요하다.

글로벌 숙박 공유 플랫폼 에어비앤비는 고객 분석을 통해 사업 방향을 바꾼 대표적인 사례다. 초기 에어비앤비는 '저렴한 숙박 대안'으로 시작했다. 하지만 시간이 지나면서 고객 리뷰와 소셜 미디어에서 흥미로운 패턴이 나타났다. 고객이 표면적으로는 가격 만족도를 언급했지만, 실제로는 "현지인처럼 여행했다", "진짜 파리를 경험한 기분" 같은 표현을 자주 사용하고 있었다.

이를 바탕으로 에어비앤비는 2014년 브랜드 정체성을 '소속감(Belonging)'으로 재정의했다. 고객이 단순한 단기 여행자가 아닌 어디서든 소속감을 느끼고 싶어 한다는 욕구를 파악한 에어비앤비는 '어디서나 소속감 느끼기(Belong Anywhere)'라는 새로운 브랜드 정체성을 발표했다. 2016년에는 이러한 소속감 개념을 구현하는 서비스인 '에어비앤비 체험(Experiences)'을 출시했고, 현지인과의 교류 등 지역 커뮤니티에 몰입할 수 있는 경험을 제공했다.

소셜 데이터에서는 언급 횟수보다 감정의 온도가 중요한 단서가 된다. "이 앱은 불편해요"라는 담담한 피드백과 "이 앱 정말 짜증 나네요! 당장 삭제하겠습니다!!"라는 격한 반응은 전혀 다른 의미를 지닌다. 후자는 고객이 해당 문제를 정말 간절히 해결하기를 원한다는 강력한 신호일 수 있다. 감정이 격할수록 그 뒤에 숨은 욕구도 크다는 뜻이다.

물론 모든 격한 반응이 해결해야 할 문제를 의미하지는 않는다. 때로는 제품의 본질적인 한계이거나 비즈니스 모델 자체의 특성일 수 있기 때문이다. 무료 서비스 사용자가 "광고가 너무 많다"고 불만을 터뜨리는 것처럼 말이다. 이런 경우는 당연한 비즈니스 구조의 결과이지, 해결해야 할 문제가 아니다.

이런 미묘한 감정의 온도 차이를 어떻게 읽어 낼까? 챗GPT나 제미나이 같은 도구가 바로 이 지점에서 힘을 발휘한다. 키워드 횟수로는 놓치기 쉬운 고객 심리의 깊은 층을 들여다볼 수 있게 해 주는 것이다. 인스타그램이나 네이버 카페의 고객 댓글을 텍스트 파일로 정리한 후, "댓글의 감정을 분석하고 강도가 높은 부정적인 주제와 그 원인을 요약해 줘"라고 물어보면 된다. 이를 통해 빈도 중심의 분석을 넘어 감정의 깊이까지 읽어 내는 분석이 가능해진다.

더 체계적으로 접근해야 하는 경우, 썸트렌드(Some Trend)나 브랜드24(Brand24) 같은 전문 소셜 리스닝 도구를 활용할 수 있다. 이들은 다양한 온라인 채널에서 브랜드 관련 언급을 자동으로 수집하고, 감정을 긍정, 부정, 중립으로 분류하여 강도까지 수치화해준다.

고객 인사이트를 어떻게 실행에 옮길까?

고객 문제 분석을 위해 다양한 접근법을 살펴봤다. 하지만 데이터는 방향을 제시할 뿐, 시장의 진짜 반응은 오직 '실행'을 통해서만 알 수 있다. 완벽한 확신을 위해 분석에만 매몰되다 실행을 미루는 것은, 스타트업이 가장 경계해야 할 '분석의 함정'이다. 따라서 80%의 확신이 섰다면, 랜딩 페이지 A/B 테스트나 소셜 미디어 반응 분석 같은 작은 실험을 통해 가설을 빠르게 검증하고 다음 단계로 나아가야 한다.

문제를 발견하는 것은 끝이 아닌 실행의 시작점이다. 이때부터 무엇을 만들어야 할지가 명확해진다. 다음 장에서는 지금까지 발견한 고객의 니즈를 기반으로, 최소한의 자원으로 최대한의 시장 학습 효과를 얻을 수 있는 MVP(Minimum Viable Product, 최소 기능 제품) 설계와 개발 과정을 살펴본다.

[실전 AI 툴 키트] 퍼플렉시티

퍼플렉시티(Perplexity, www.perplexity.ai)는 AI 기반 검색 엔진으로, 방대한 웹 데이터를 분석하여 시장 조사 및 경쟁사 분석에 필요한 정보를 신속하게 제공한다. 기존의 키워드 검색과 달리 자연어 질문에 직접적으로 답변하며 출처를 함께 제시하는 특징이 있다.

주요 기능

- AI 검색 엔진과 출처 인용: 실시간 웹 검색으로 질문에 답변하고 모든 정보에 출처 링크를 제공한다.
- 파일 분석 기능: 업로드한 파일 내용을 분석하여 문서 기반 질의응답과 요약을 수행한다. PDF, CSV, 이미지 등 다양한 형식을 지원한다.
- 딥 리서치: 여러 출처를 검색하고 분석하여 복잡한 주제에 대한 종합 보고서를 생성한다.
- 다중 AI 모델 선택: 프로 사용자는 질문 유형에 맞는 다양한 AI 모델을 선택할 수 있으며 챗GPT, 클로드(Claude), 소나(Sonar) 등을 활용할 수 있다.
- 스페이스 협업 기능: 가상 작업 공간에서 팀원과 연구 내용을 공유하고 작업할 수 있다. 내부 문서 검색과 웹 검색을 통합하여 지식 관리 효율성을 높일 수 있다.

사용 방법

웹사이트, 모바일 앱, 또는 브라우저 확장 프로그램에 접속한 후 검색창에 자연어로 질문을 입력한다. 검색 모드(빠른 검색, Pro 검색, 딥 리서치)를 선택하고, 포커스 기능을 통해 검색 범위(전체 웹, 학술, 소셜, 비디오)를 지정할 수 있다. 이후 답변과 함께 제공되는 출처 링크를 클릭하여 원본 정보와 출처를 확인할 수 있다.

활용 팁

질문을 구체적이고 명확하게 작성하고, 목적에 맞는 검색 모드와 포커스 옵션을 선택하면 더 정확한 결과를 얻을 수 있다. 복잡한 주제는 여러 관점에서 질문하여 정보를 교차 검증하고, 파일 업로드 기능을 활용해 문서 기반 질의응답 기능도 제공한다.

참고문헌

김영진(2020.3.30). 배달의민족, 불법 리뷰와 전쟁 선포. 미디어펜. https://www.mediapen.com/news/view/512730

우아한형제들(2020.7.31). "배달의민족, 음식 리뷰 믿고 보세요": 건전한 후기 문화 조성을 위한 새로운 리뷰 운영 정책 시행. https://www.woowahan.com/report/detail/6

우아한형제들(2021.6.30). 우아~한 장애대응. 우아한형제들 기술블로그, https://techblog.woowahan.com/4886/

우아한형제들(2024.9.24). 배달의민족 리뷰 제도 및 정책에 대해 설명드립니다. 우아한형제들 홈페이지,

https://www.woowahan.com/fact/detail/28

Airbnb(2016.11.17). Airbnb expands beyond the home with the launch of trips.
https://news.airbnb.com/airbnb-expands-beyond-the-home-with-the-launch-of-trips/

Airbnb(2019.4.30). Airbnb experiences update.
https://news.airbnb.com/airbnb-experiences-update

Blank, S.(2013). Why the lean start-up changes everything. *Harvard Business Review*, May 2013.
https://hbr.org/2013/05/why-the-lean-start-up-changes-everything

Chesky, B.(2014.7.17). Belong anywhere. *Medium*.
https://medium.com/@bchesky/belong-anywhere-ccf42702d010

Liker, J.(2004). *The Toyota way: 14 management principles from the world's greatest manufacturer*. McGraw Hill.
김기찬·양종곤·강창열 옮김(2007). 《도요타 방식 필드북》. 가산출판사.

Liu, B.(2012). *Sentiment analysis and opinion mining*. Cham: Springer.

04
MVP, 완벽보다 검증이 먼저다

최소 기능으로 시장을 검증하는 접근법이 완벽한 제품 추구보다 중요하다. 가짜 문 테스트부터 영상 데모까지 다양한 검증 방법과 AI 도구를 활용한 빠른 개발 방법을 살펴본다. 이런 단계별 접근을 통해 자원을 절약하고 시장의 진짜 반응을 확인할 수 있다. 검증된 학습을 바탕으로 제품 방향을 결정하는 것이 성공 확률을 높이는 길이다.

AI와 사주?

MVP가 왜 중요한가?

"완벽한 제품을 개발했는데 아무도 쓰지 않네요. 왜 관심이 없는 걸까요?" 창업자라면 한 번쯤 겪어 봤을 법한 고민일 것이다. 완벽함을 추구한 결과 오히려 시장에서 외면받는 역설적인 상황, 이런 딜레마에서 벗어나는 해법은 의외로 간단하다. 단기간 내에 내부 개발 역량만으로 완벽한 제품을 만들겠다는 목표를 버려야 한다. 완벽을 추구하다 보면 개발 기간이 길어지고, 그 사이 시장 상황이 변하거나 요구 사항을 잘못 이해한 채 자원을 낭비할 위험이 커진다.

MVP(Minimum Viable Product, 최소 기능 제품)는 이런 위험을 피하면서도 시장 검증을 받을 수 있는 실용적인 접근법이다. 꼭 필요한 기능만 담은 제품을 먼저 출시하고, 고객 반응을 살피며 점진적으로 개선하는 방식이다. 여기서 중요한 것은 '최소' 기능으로 고객이 원하는 가치를 확인하는 것이다. MVP는 실제 사용자의 행동과 피드백에 기반해 제품의 방향을 결정할 수 있다는 장점이 있다. 이 장에서는 MVP를 효과적으로 설계하고 검증하는 다양한 전략과 AI 도구를 활용하는 방법까지 살펴볼 것이다.

MVP는 어떻게 설계하고 검증할까?

MVP 설계의 첫 번째 단계는 명확한 문제 정의다. '우리가 해결하고자 하는 문제는 정확히 무엇인가?'라는 질문에 답을 찾아야 한다. 가령 코딩 학습자에게 실시간 오류 감지 기능을 제공하겠다는 목표가 있다면, 모든 기능을 한 번에 개발하려 하지 말고 필수 기능과 선택 기능으로 나누어 생각해야 한다. 필수 기능에는 코드 업로드와 기본 오류 감지가 들어가고, 소셜 공유나 고급 분석 같은 기능은 나중에 추가할 수 있는 선택 기능이다.

MVP 검증은 자원 효율성과 학습 효과를 동시에 고려하여 단계적으로 접근해야 한다. 다양한 MVP 유형을 목적과 구현 방식에 따라 세 그룹으로 나눠 살펴보자.

첫 번째 유형은 실제 제품 없이도 수요를 확인할 수 있는 방법이다. 먼저 시도해 볼 수 있는 방법이 '가짜 문 테스트(Fake Door Test)'다. 실제로는 존재하지 않는 기능에 대한 안내를 제시하고 사용자의 반응을 관찰하는 방식이다. "곧 출시됩니다"라는 간단한 문구만으로도 시장 수요를 측정할 수 있다. 이 방법은 구현되지 않은 기능에 대한 사용자의 행동 패턴을 관찰하여 최소한의 비용으로 시장 반응을 확인할 수 있다는 장점이 있다.

가짜 문 테스트로 초기 시장의 관심을 확인했다면, 다음 단계로 '랜딩 페이지(Landing Page) MVP'를 구축할 수 있다. 제품의 가치와 기능을 상세히 소개하는 웹페이지를 통해 사전 등록이나 알림 신청 버튼으로 관심 있는 고객의 연락처를 수집하고, 전환율을 통해 정량적인 수요 데이터를 얻는 방식이다.

영상 시연(Video Demo)으로 실제 사용 경험을 시연하는 방법도 있다. 복잡한 업무 단계(워크 플로)나 새로운 기능을 몇 분 안에 직관적으로 전달할 수 있어서, 사용자가 제품의 유용성을 빠르게 파악할 수 있다. 시연의 효과를 보여 주는 대표적인 사례가 드롭박스(Dropbox)의 창업 스토리다.

드롭박스는 2007년 드루 휴스턴(Drew Houston)이 보스턴과 뉴욕을 오가는 버스에서 USB를 놓고 왔다는 사실을 깨달은 순간에서 시작된 아이디어였다. 당시 그들은 파일 동기화 서비스의 가치를 설명하기가 쉽지 않았다. 화면 녹화 영상으로 폴더에 파일을 넣으면 다른 컴퓨터에 자동으로 나타나는 모습을 데모 영상으로 제작했다. 이 영상을 기술 커뮤니티 사이트에 올리고 베타 서비스 참여를 유도한 결과, 단기간에 5,000명의 대기자가 75,000명으로 급증했다. 당시 '클라우드 동기화'라는 개념 자체가 생소했기 때문에 영상 시연이 유일한 설명 방식이었다. 보여 주지 않으면 이해시킬 수 없는 문제에 대한 최적의 해법이었던 것이다.

아울러 크라우드펀딩 MVP(Crowdfunding MVP)는 킥스타터나 와디즈 같은 플랫폼에서 제품을 공개하고 사전 주문을 받을 수 있는 방법이다. 이는 단순히 관심 표현에 그치지 않고 실제 구매 의사까지 확인할 수 있다는 장점이 있다. 복잡하고 위험도가 높은 방법이지만, 성공할 경우 시장 검증과 초기 자금, 그리고 충성도 높은 고객 기반을 동시에 확보할 수 있다.

두 번째 유형은 자동화에 앞서 사람의 노력으로 서비스 가치를 검증하는 방법이다. 기술 구현이 복잡한 제품은 어떻게 검증할 수 있을까? 고도의 자동화 시스템을 구축하기 전에 시장 반응을 확인하는 단계별 접근법이 있다.

대표적으로 컨시어지 MVP(Concierge MVP)는 자동화에 앞서 개인 맞춤 서비스로 시작한다. 창업자가 직접 고객의 요구를 하나하나 처리하면서 서비스가 유용한지를 이해하는 방식이다. 호텔 컨시어지가 고객의 요청을 직접 처리하듯, 창업자가 고객이 필요로 하는 바를 일일이 제공하는 것이 좋은 예다. 맞춤형 식단 관리 앱을 개발하기 전에 창업자가 직접 고객과 상담하고 식단을 짜주는 것이 좋은 예다. 제품 개발 없이도 고객이 원하는 것이 무엇인지, 어떤 지점에서 만족하는지를 파악할 수 있다.

한편 오즈의 마법사 MVP(Wizard of Oz MVP)는 영화 〈오즈의 마법사〉 속 마법사처럼, 겉보기에는 자동화 시스템처럼 보이지만 사실은 무대 뒤에서 사람이 직접 업무를 처리하는 방식이다. 뒤에서 사람이 처리하든 시스템이 처리하든 상관없이, 고객 입장에서는 매끄럽고 편리한 서비스를 경험하는 것이 목표다.

온라인 결제 서비스 스트라이프(Stripe)를 보면 이 방식의 효과를 알 수 있다. 2010년 당시 온라인 결제는 개발자에게 악몽과도 같았다. 수십 개의 은행과 카드사, 각기 다른 보안 규정, 복잡한 승인 절차를 모두 고려해야 했기 때문이다. 패트릭 콜리슨(Patrick Collison)과 존 콜리슨(John Collison) 형제는 "복잡한 결제 처리를 몇 줄의 코드로 간소화하자"는 목표를 세웠다. 하지만 완벽한 결제 인프라를 구축하려면 수년이 걸린다는 현실에 직면했다. 그래서 그들이 선택한 방법은 기본적인 자동화 시스템을 먼저 구축하고, 복잡한 부분은 일부 수동으로 처리하는 것이었다.

개발자에게는 몇 줄의 코드만 작성하면 되는 매끄러운 경험을 제공하면서, 뒤에서는 운영팀이 직접 처리하는 일을 점차 자동화해 나갔다. 스트라이프의 전략은 '고객 경험의 완결성'에 있었다. 겉으로는 완벽한 자동화 경험을 제공하기 위해 뒤에서 수동 처리를 감수하며 시장을 선점한 후, 점진적으로 시스템을 완성해 나간 전략적인 접근이었다.

세 번째 유형은 기존 도구나 간단한 방법으로 핵심 기능을 실제 구현하는 방식이다. '조립식 MVP(Piecemeal MVP)'는 새로운 개발 대신 기존 도구를 조합하여 서비스를 구현한다. 가령 구글 폼으로 고객 요청을 받고, 노션(Notion)으로 작업을 관리하며, 이메일로 결과를 전달하는 식으로 서비스 경험을 제공할 수 있다. 이는 기존 도구의 조합만으로도 고객이 서비스를 경험하게 할 수 있어, 기술적 복잡도 없이 서비스를 시작할 수 있다는 장점이 있다.

디지털 방식 외에도 '종이 프로토타입(Paper Prototype)'이라는 아날로그 방법도 활용할 수 있다. 간단한 사용자 인터페이스(UI)와 워크 플로를 종이에 그려서 검증하는 방식으로, 시간과 비용을 절약하면서도 사용자 경험(UX)에 대한 중요한 통찰을 얻을 수 있다.

이런 다양한 방법 중 어떤 것을 선택하든, 놓치기 쉬운 것이 있다. 바로 성공과 실패의 기준을 미리 정해 두는 것이다. 명확한 기준이 없으면 좋은 결과가 나와도 확신을 갖기 어렵고, 나쁜 결과가 나와도 계속 합리화하게 된다. "첫 주에 사용자 절반이 다시 찾아오면 성공"이나 "크라우드펀딩에서 목표 금액의 50% 달성"처럼 명확한 목표를 세워 두면 감정이 아닌 데이터로 판단할 수 있다.

AI 도구로 MVP를 더 빠르게 만들려면?

이제 AI 도구를 활용한 MVP 개발 방법을 알아보자. AI 기술이 발전하면서 MVP 제작의 진입 장벽이 크게 낮아졌다. '바이브 코딩(Vibe Coding)'이라는 새로운 개발 방식이 등장하며 코딩 지식이 없는 사람도 MVP를 개발할 수 있게 되었다. 바이브 코딩은 프로그래밍 문법을 몰라도 자연어 대화만으로 개발할 수 있는 새로운 패러다임이다. 마치 사람에게 원하는 분위기나 느낌을 전달하면 결과물을 만들어 주듯, AI에게 개발의 '의도'를 전달하는 방식이다.

예시로 'AI 코드 리뷰 서비스' MVP 구현 과정을 살펴보자. 기획 단계에서는 챗GPT나 제미나이 같은 대화형 AI와 함께 시작할 수 있다. "코딩 초보자가 어떤 어려움을 겪는지 정리해 줘"라고 요청하면 체계적인 시장 분석을 받을 수 있다. "사용자가 코드를 올리고 결과를 받는 과정을 순서대로 정리해 줘"라고 하면 사용자 여정 전체가 구조화된다. 며칠이 걸리던 초기 기획도 몇 시간 만에 완료된다.

UI/UX 설계 단계에서는 스티치(Stitch)나 위자드(Uizard) 같은 도구를 활용한다. "코드 업로드 화면을 직관적이고 깔끔하게 디자인해 줘. 드래그 앤드 드롭 기능과 진행 상황 표시가 필요해"라고 요청하면 사용할 수 있는 디자인이 나온다. 텍스트 설명만으로도 전체 화면 플로가 일관된 디자인 시스템으로 완성되는 것이다.

개발 단계에서는 커서(Cursor)나 윈드서프(Windsurf) 같은 AI 코딩 도구를 사용한다. "디자인된 화면을 실제로 작동하게 만들어 줘"라고 요청하면 앞서 설계한 디자인을 참고해서 구현해 준다. 서버가 필요하다면 "업로드된 코드를 AI로 확인하고 결과를 알려 주는 기능을 만들어 줘"라고 추가 요청하면 된다. 각 단계에서 대화하듯 개발하기 때문에 기술적 세부 사항을 몰라도 원하는 기능을 구현할 수 있다. 완성된 MVP는 3일 만에 사용자에게 테스트할 수 있는 수준이 된다. 사용자 피드백을 받아서 "파일 업로드가 느려서 불편하다"는 의견이 나오면 즉시 "업로드 속도를 개선하고 진행률 표시를 상세하게 해 줘"라고 요청해서 개선할 수 있다. 기획부터 개발까지 몇 주가 걸리던 작업을 며칠 만에 끝낼 수 있게 된 것이다.

예컨대 러버블(Lovable)과 같은 AI 노코드 빌더를 활용하면 이러한 MVP 개발 과정을 획기적으로 단축하고 효율을 높일 수 있다. 구체적으로 러버블의 '챗 모드'를 이용해 개발 전 질문, 프로젝트 기획, 디버깅 등을 대화하듯 진행할 수 있다. 특히 '에이전트 모드'를 활성화하면 러버블이 사용자의 요청을 해석하고, 코드 베이스를 탐색하며 파일을 읽거나 수정하고, 심지어 문제를 사전에 디버깅하는 등 복잡한 개발 작업을 자율적으로 수행한다. 이는 MVP 개발 과정에서 반복적인 수동 개입을 줄여주므로, 아이디어 구상부터 시장 검증까지 걸리는 시간을 대폭 줄일 수 있다.

MVP 이후 무엇을 실행할까?

MVP는 린 스타트업(Lean Startup)에서 강조하는 지속적인 학습과 시장 적응을 위한 핵심 도구다. 실제 사용자 데이터에 기반해 의사 결정을 내릴 수 있다는 점이 가장 큰 장점이다. "사용자가 좋아할 것 같은데?"라는 막연한 추측 대신 "실제로 사용자 30%가 재방문했다"는 명확한 근거를 얻을 수 있기 때문이다. 이런 접근법은 PMF(Product-Market Fit, 제품-시장 적합성)를 찾는 시간을 단축하고 성공 가능성을 높이는 데 기여한다. MVP를 통해 얻은 검증된 학습은 다음 단계의 제품 개발과 사업 전략 수립에 든든한 토대가 된다.

무엇보다도 MVP를 시작하려면 세 가지를 명확히 해야 한다. 어떤 문제를 해결할 것인지, 어떤 방식으로 검증할 것인지, 그리고 무엇을 확인하고 싶은지를 명확히 정의해야 한다. 이에 가짜 문 테스트나 종이 프로토타입처럼 간단한 방법부터 시작하면 좋다. 코딩을 모르는 창업자라면 앞서 소개한 AI 도구를 활용하는 것도 좋은 방법이다. 체계적인 준비는 성공 확률을 높이지만, 완벽을 추구하다 실행을 미루기보다는 작게라도 시작해 시장에서 배우는 것이 훨씬 중요하다. 다음 장에서는 MVP로 고객 테스트를 진행하고, 피드백을 통해 제품을 개선하는 방법을 살펴볼 것이다.

[실전 AI 툴 키트] 스티치

스티치(Stitch)는 구글의 제미나이(Gemini)를 기반으로 한 UI/UX 디자인 및 코드 생성 도구다. 텍스트 설명과 이미지 입력으로 웹사이트나 모바일 앱의 디자인과 코드를 생성하여 MVP를 개발할 수 있다.

주요 기능

- 텍스트 및 이미지 기반 디자인 생성: 자연어 혹은 스케치, 와이어프레임, 스크린숏 등 시각적 자료를 통해 UI 디자인을 자동 생성해 디자인 과정의 초기 단계를 간소화하며, 설계도가 없어도 시각적인 결과물을 빠르게 확인할 수 있다.
- 프론트엔드(Front-end) 코드 생성: UI 디자인과 함께 HTML 코드도 함께 생성하여 개발자가 활용할 수 있다.
- 스타일 편집: 폰트, 색상, 테두리 등 디자인 요소를 사용자 지정해 원하는 스타일로 조정할 수 있으며, 기업의 브랜드 특성에 맞게 맞춤형 설계를 할 수 있다.
- 외부 프로그램과 연동: 생성된 디자인을 피그마(Figma)로 내보내 전문 디자이너가 추가로 편집하거나 개발 과정에 활용할 수 있다. 또한, 실제 작동하는 프론트엔드 코드도 함께 제공되어 개발 생산성을 높인다.

사용 방법

"코드 오류 감지 기능이 있는 학습 플랫폼 디자인"처럼 텍스트를 입력하거나 스케치, 다른 UI 이미지를 업로드하면, 디자인과 코드를 생성한다. 웹사이트 및 모바일 앱 레이아웃 중 선택하여 디자인을 생성할 수 있으며, 여러 페이지의 프로젝트도 구성할 수 있다.

활용 팁

전문 지식이 없어도 상세한 텍스트 설명만으로 UI 디자인과 코드를 만들 수 있다. 다양한 옵션을 제공해 원하는 스타일을 찾을 때까지 여러 버전을 탐색할 수 있다. 생성된 디자인과 코드는 초기 프로토타입으로 활용하고, 최종 제품에 적용하기 전에 디자이너와 개발자의 검토와 수정을 거치는 것이 좋다.

참고문헌

김향아(2025). 《AI와 UX 디자인》. 인공지능총서. 커뮤니케이션북스

홍지영·남건욱·문예령·손가은·이한진(2024). 로컬 청년창업 프로젝트 활성화 사례연구. ≪문화기술의 융합≫, 10(5), 143-151.

Armstrong, S.(2018.10.5). The untold story of Stripe, the secretive $20bn startup driving Apple, Amazon and Facebook. Wired.

https://www.wired.com/story/stripe-payments-apple-amazon-facebook/

Bu, M.(2020.12.15). Stripe's payments APIs: The first 10 years. *Stripe Blog.* https://stripe.com/blog/payment-api-design

Bussgang, J. J.(2025). *The Experimentation Machine: Finding Product-Market Fit in the Age of AI.* Damn Gravity Media.

Kumar, S. S.(2023.11.30). Dropbox — The Idea, Viral Video Breakthrough, Y-Combinator. *Medium.* https://medium.com/the-entrepreneurs-manifesto/dropbox-the-idea-viral-video-breakthrough-y-combinator-3016ca1ca52b

Lortie, J., et al.(2025). Unpacking the minimum viable product (MVP): a framework for use, goals and essential elements. *Journal of Small Business and Enterprise Development, 32*(1), 212-235.

McCann, C.(2015.11.6). Scaling Stripe with Patrick Collison — Class 11 Notes of Stanford University's CS183C. *Medium.* https://medium.com/notes-essays-cs183c-technology-enabled-blitzscalin/class-11-notes-essay-reid-hoffman-john-lilly-chris-yeh-and-allen-blue-s-cs183c-technology-ebf34cebae26

Ries, E.(2011). *The lean startup: How today's entrepreneurs use continuous innovation to create radically successful businesses.* Crown Business. 이창수·송우일 옮김 (2012). 《린 스타트업: 지속적 혁신을 실현하는 창업의 과학》. 인사이트.

Stevenson, R., et al.(2024). The Minimum Viable Product (MVP): Theory and Practice. *Journal of Management, 50*(8), 3202-3231.

05
고객 피드백, 제품을 빚는 원동력

고객 피드백의 중요성이 더욱 커지고 있다. 하지만 피드백 속에서 진짜 신호를 찾아내는 것은 쉽지 않다. 흩어진 고객의 목소리를 통합하고, 텍스트 분석으로 고객이 '무엇을' 말하는지 파악한다. 감성 분석으로 '어떻게' 느끼는지 읽어 내고, 예측 분석으로 '앞으로 어떻게' 행동할지 내다볼 수 있는 시대가 되었다. 피드백 분석을 통합적으로 활용하면 고객 경험의 전체 지도를 그릴 수 있다.

AI와 아이돌?

왜 고객 피드백 분석이 중요한가?

"고객이 신호를 보내고 있는데, 우리는 왜 포착하지 못할까?" 피드백 속에서 진짜 신호와 소음을 구분하는 건 복잡한 작업이다. 매일 쏟아지는 앱 리뷰, 고객 문의, 소셜 미디어 댓글 중에서 무엇이 정말 중요한 메시지인지 판단하기 어렵다. '로딩이 느려요'라는 불만이 전체 사용자의 절반이 겪는 문제인지, 아니면 특정 기기를 쓰는 소수의 문제인지 파악하려면 체계적인 분석이 필요하다. 하지만 많은 창업자가 이런 체계 없이 직관에만 의존하는 경향이 있다. 최근에 들어온 불만이나 격렬한 항의에만 반응하다가, 정작 다수 고객의 조용한 이탈 신호는 놓치고 만다.

AI 기술의 발전이 이 문제에 대한 해법을 제시하고 있다. 과거에는 엑셀로 일일이 분류하던 수만 개의 피드백을 이제 AI가 자동으로 처리한다. 좋다/싫다 수준의 분류가 아니라 '결제 과정의 불편함'이나 '온보딩의 복잡함' 같은 실질적인 개선점을 짚어 낸다. 미묘한 감정의 변화나 숨은 불만의 징후도 포착한다. 이 장에서는 AI를 활용해 고객 피드백을 분석하고 실행 가능한 통찰을 도출하는 방법을 제시한다.

어떻게 다양한 채널의 피드백을 통합할까?

피드백 분석이 직면하는 첫 번째 도전은 여러 채널에 흩어진 고객의 목소리를 체계적으로 모으고 합치는 일이다. 고객은 설문 조사, 앱 리뷰, 소셜 미디어, 고객 센터 등 다양한 곳에서 자신의 생각을 표현한다. 각 채널마다 데이터 형식도 다르고, 같은 문제라도 표현 방식이 제각각이다. 가령 '로딩이 느려요'와 '화면이 안 넘어가요'는 표현은 다르지만, 결국 '성능 저하'라는 같은 문제를 가리킨다.

수집과 통합을 더욱 복잡하게 만드는 것은 피드백마다 중요도와 시급성이 다르다는 점이다. 고객의 피드백에도 일종의 '유통기한'이 있어, 시간이 지나면 정보의 신선도가 떨어진다. 3개월 전 리뷰가 이미 옛날이야기라면, 바로 어제 서비스를 떠난 고객의 목소리는 지금 당장 주목해야 할 중요한 정보이다.

이런 복잡한 피드백 통합 작업을 사람의 힘만으로는 감당하기 어렵다. 시간과 맥락에 따라 변화하는 피드백의 가치를 평가하고 통합하는 과정에서, AI 기반 분석 도구가 중요한 역할을 수행한다. 싱클리(Syncly)와 퀄트릭스(Qualtrics) 같은 VOC 분석 도구는 흩어진 고객의 목소리를 하나의 관점에서 읽어 낼 수 있게 돕는다. 이들은 채팅 상담, 이메일, 전화 상담 기록 등 다양한 접점에서 발생하는 피드백을 자동으로 수집하고, 긴급도와 영향력에 따라 우선순위를 매긴다. 과거에는 부서별로 흩어져 있던 고객 의견을 일일이 찾아 헤매야 했다면, 이제는 모든 피드백이 한곳에 모여 전체 그림을 한눈에 파악할 수 있게 되었다.

피드백 분석이 실질적인 서비스 혁신으로 이어진 사례로 당근마켓(앱)을 운영하고 있는 당근의 '거래 안전성 강화' 과정을 살펴보자. 당근은 사용자의 피드백을 분석한 결과, 거래 사기의 상당 부분이 직거래가 아닌 택배거래에서 집중적으로 발생한다는 패턴을 파악했다. 플랫폼의 근간인 신뢰가 흔들릴 수 있기 때문에 꼭 해결해야 할 과제였다.

이에 당근은 2024년 당근페이에 '안심 결제' 기능을 도입했다. 이는 구매자가 물품을 확인하고 '구매 확정'을 해야만 판매자에게 대금이 전달되는 에스크로(결제 대금 예치) 방식으로, 거래 과정의 안전성을 높이는 것이 주된 목표였다. 기술적 해결책에 그치지 않고 제도적 보완책을 추가로 마련했다. 2025년에는 안심 결제 이용 중 사기 피해가 발생할 경우 최대 195만 원까지 보상하는 '안심 보상 제도'를 도입하며, 이용자 보호 장치를 다층적으로 강화했다. 사기에 대한 불안이라는 사용자의 근본적인 우려에 기술과 제도를 결합한 다층적 해결책을 제시함으로써 신뢰할 수 있는 거래 환경을 구축할 수 있었다.

당근이 수많은 사용자 피드백 속에서 '택배 거래 사기'라는 중요한 패턴을 정확히 포착할 수 있었던 건 체계적인 분석 덕분이었다. 문제는 이런 패턴 발견이 결코 쉽지 않다는 점이다. 수천 개의 리뷰, 문의 사항, 신고 내용을 하나씩 읽어 가며 공통점을 찾는 작업을 사람이 감당하기는 어렵다. 이때 AI 텍스트 분석의 가치가 드러난다.

고객의 한마디 속에 숨겨진 보석 찾기

고객 의견은 설문 조사의 주관식 답변, 앱 리뷰, 이메일 문의 등 대부분 정형화되지 않은 자유 형식의 텍스트 데이터다. AI 텍스트 분석은 기존의 키워드 검색 수준에 머무르지 않고, 비정형 데이터 속에서 '사용성', '속도', '기능'과 같은 주요 주제를 단계적으로 분류하고 추출한다. "버그 종합 선물 세트"와 같은 비유적인 표현이나, "버그가 많다고 생각했는데 거의 없네요"처럼 부정어의 위치에 따라 달라지는 세밀한 차이까지 파악할 수 있다.

텍스트 분석은 명확한 질문 설정에서 시작된다. '고객

불만 분석'보다는 '신규 사용자의 첫 주 이탈 원인 분석' 처럼 범위와 대상을 구체화할수록 실행 가능한 통찰을 얻을 수 있다. 텍스트 분석 방법은 크게 두 가지로 나뉜다. 먼저, 챗GPT나 제미나이 같은 대화형 AI를 활용해 소규모 피드백을 유연하게 요약하고 패턴을 찾는 방법이다. 다음으로는 대량의 데이터를 분석하는 데 특화된 전용 플랫폼을 활용하는 것이다. 가령, 메달리아(Medallia)와 같은 고객 경험 관리 플랫폼은 피드백을 요약하는 기능뿐만 아니라, 감성과 주제를 분류하고 문제의 원인을 추적하며, 그 결과를 대시 보드로 제공한다.

어떤 도구를 쓰든 중요한 건 접근 방식이다. '지난 분기 고객 이탈 사유 1위는 무엇인가?'처럼 질문에서 출발하고, 이탈률 같은 데이터와 결합해 전체 맥락을 파악해야 한다. 그리고 분석으로 얻은 통찰을 보고서로 끝내는 게 아니라, 실제 제품 개선이나 마케팅 활동 같은 '행동'으로 연결해야만 분석의 가치를 제대로 활용할 수 있다.

감정 곡선이 말해 주는 고객의 진심

고객 피드백에는 제품에 대한 의견뿐만 아니라 그들이 느끼는 생생한 감정이 담겨 있다. 감성 분석(Sentiment Analysis)은 텍스트에 담긴 감정을 긍정, 부정, 중립으로 분류하는 기술이다. '이 기능 너무 좋아요'라는 댓글에서 긍정적 감성을 포착하고, '사용하기 불편해요'에서 부정적 신호를 감지하는 것이 기본 원리다.

썸트렌드(Sometrend) 같은 소셜 리스닝 플랫폼은 이러한 감성 분석을 실시간으로 수행한다. 블로그, 인스타그램, 뉴스뿐만 아니라 뽐뿌, 네이트판, 중고나라 등 국내 커뮤니티로부터 브랜드 언급을 자동으로 수집한다. 특히 한국어에 최적화된 감정 분석 엔진을 통해 미묘한 감정 표현의 강도까지 측정하며, 연관어 분석으로 고객이 특정 기능이나 서비스를 어떤 맥락에서 언급하는지 파악할 수 있다.

감성 분석이 유용한 순간은 고객 여정의 각 단계와 연결될 때다. 단계별로 감정 변화를 추적하면, 특정 지점에서 고객 만족도가 급락하는 패턴을 발견할 수 있다. 예를 들어 게임 앱에서 결제 단계 진입 시 부정 감정이 급증한다면, 이는 명확한 개선 신호다. 이런 데이터를 '감정 곡선'으로 시각화하면 제품팀이 우선 해결해야 할 지점을 쉽게 알 수 있다.

감성 분석만으로는 고객 행동의 전체 그림을 그리기 어렵다. 특히 한국 사용자는 직접적인 비판보다 '아쉽다', '아직 부족하다' 같은 완곡한 표현을 선호해서, 이런 뉘앙스를 놓치면 실제 불만의 강도를 과소평가할 수 있다. 더 중요한 한계는 감성 분석이 고객의 '말'에만 의존한다는 점이다. 고객이 표현하는 감정과 실제 행동 사이에는 종종 괴리가 존재한다. 이런 한계를 보완하려면 시간에 따른 변화를 추적해야 한다. 부정 감성을 일으키는 주요 원인이 시간에 따라 어떻게 변하는지 파악하면, 고객 이탈의 징후를 포착할 수 있다. 지난달 주된 불만이 '느린 로딩 속도'였다가 이번 달 '복잡한 결제 프로세스'로 옮겨 갔다면, 이는 고객이 제품을 더 깊이 사용하면서 새로운 문제에 마주하고 있음을 보여 준다.

감정의 변화가 실제 고객 행동으로 이어질지는 또 다른 문제다. 고객이 "불편하다"고 말했다고 해서 반드시 서비스를 떠나는 건 아니기 때문이다. 결국 고객의 말 속에 담긴 감정뿐만 아니라, 그들이 실제로 어떤 행동을 취할지 예측하는 단계로 나아가야 한다.

AI는 다음 행동을 알고 있다

텍스트 분석과 감성 분석이 고객의 '현재 상태'를 이해하는 데 중점을 둔다면, 여기서 한 걸음 더 나아가 고객의 '미래'를 예측하는 단계가 바로 예측 분석(Predictive Analysis)이다. 예측 분석은 고객이 남긴 행동 데이터를 기반으로 미래를 예측한다. 과거의 행동 패턴을 학습한 AI 모델이 현재 고객의 행동을 분석해 앞으로 어떤 행동을 할지 제시하는 방식이다. "고객이 불만을 표했다"는 사실 파악에서 한발 더 나아가, "이 고객이 언제쯤 서비스를 떠날 것인가" 또는 "어떤 조건에서 더 많은 비용을 지불할 의향이 있는가"와 같은 미래 지향적인 질문에 답할 수 있게 된다.

고객 이탈의 징후는 앱 사용 빈도, 기능 사용 패턴, 체류 시간 변화 등 행동 데이터에서 먼저 드러난다. AI는 이런 패턴을 분석해 고객의 다음 행동을 예측한다. 특히 단일 지표보다는 여러 지표를 종합적으로 분석할 때 예측의 정확도가 높아진다. 예컨대 로그인 횟수만 줄어든 사용자보다 복합적인 신호를 보이는 사용자가 더 위험하다. 로그인 감소와 함께 필수 기능 사용률 하락, 지원 페이지 방문 증가, 결제 페이지 이탈률 상승이 동시에 나타나는 사용자는 이탈 확률이 훨씬 높다.

이탈 징후를 감지하면 맞춤형 할인이나 선제적 지원 같은 대응을 할 수 있다. 여기에는 고객의 '이탈' 대신 '전환'을 예측하는 데 활용할 수 있다. 가령, 'A 기능을 익힌 사용자가 다음으로 B 기능을 채택할 확률'을 계산하고, 그 결정적인 순간 직전에 다음 단계의 가치를 알려 주는

'선제적 온보딩'을 실행하는 식이다. 물론 예측 모델을 구축할 때는 과거 데이터를 통해 실제 이탈한 고객의 공통 패턴을 먼저 파악하는 게 도움이 된다. 이를 통해 도출된 패턴을 현재 고객 데이터에 적용하면 더욱 정확한 예측이 가능해진다.

넷플릭스의 사례는 예측 모델을 통한 선제적 대응이 얼마나 큰 비즈니스 가치를 창출하는지 보여 준다. 넷플릭스는 사용자의 행동과 시청 완료 패턴을 함께 분석해 예측 모델을 개발했다. 2013년 공개된 〈하우스 오브 카드(House of Cards)〉는 이 새로운 접근법의 시험대였다. 그들은 데이터 분석으로 세 가지 패턴을 발견했다. 데이비드 핀처(David Fincher) 감독의 작품을 처음부터 끝까지 시청한 사용자 패턴, 케빈 스페이시(Kevin Spacey) 주연 영화의 좋은 성과, 그리고 영국판 '하우스 오브 카드'의 인기였다. 이 세 영역의 교집합에서 잠재적 시청자층을 발견하고, 이를 오리지널 프로그래밍 투자 결정의 중요한 근거로 활용했다. 그 결과 넷플릭스의 첫 오리지널 시리즈였던 〈하우스 오브 카드〉는 미국과 40여 개국에서 가장 많이 스트리밍된 콘텐츠가 되었다.

통찰을 실험으로, 속도를 내는 법

텍스트 분석, 감성 분석, 예측 분석은 각기 다른 관점에서 고객을 이해하는 도구다. 텍스트 분석은 고객이 '무엇을' 말하는지 파악하고, 감성 분석은 '어떻게' 느끼는지 읽어 내며, 예측 분석은 '앞으로 어떻게' 행동할지 전망한다. 이 세 가지 분석을 함께 활용하면, 고객 경험의 전체 지도를 그릴 수 있다. 통합적인 분석이 가져온 변화는 뚜렷하다. 과거에는 고객 센터에 접수된 불만이나 설문 조사 결과만을 제한적으로 검토했지만, 이제는 소셜 미디어의 즉각적인 반응부터 앱 내 행동 패턴까지 포괄적으로 분석한다. 이렇게 넓어진 분석 범위는 고객 행동에 대한 더 세밀한 이해를 돕는다.

분석 도구의 발전은 우리에게 새로운 질문을 던질 수 있는 관점과 시야를 제공한다. 고객이 표현하지 않은 잠재 니즈는 무엇일까? 시장은 어떤 방향으로 움직이고 있을까? 우리가 놓치고 있는 기회는 없을까? 이런 질문에 답하려면 데이터 수집과 분석, 그리고 통찰이 필요하다. 데이터가 쌓이고 시장 상황과 함께 고려될 때, 때로는 사업의 방향 자체를 재검토하는 계기가 되기도 한다. 실제로 고객 피드백 분석을 통해 시장의 근본적인 변화를 감지한 기업은 과감한 전략적 전환을 선택했다. 다음 장에서는 이런 전략적 전환의 신호를 어떻게 포착하고 실행해야 할지 살펴볼 것이다.

[실전 AI 툴 키트] 썸트렌드

썸트렌드(Sometrend, https://some.co.kr)는 고객 의견과 니즈를 실시간으로 분석하는 AI 기반 소셜 리스닝 도구로, 한국어에 최적화된 감정 분석과 연관어 추출 기능을 통해 고객의 진짜 목소리를 발견할 수 있다.

주요 기능

- 소셜 분석: X(트위터), 블로그, 인스타그램, 뉴스, 커뮤니티 등 플랫폼에서 브랜드, 제품, 경쟁사에 대한 언급을 자동으로 수집하고 분석한다.
- 감정 분석: 긍정(Positive), 부정(Negative), 중립(Neutral)의 감정 분류를 제공하여 고객 의견의 전반적인 톤을 파악한다. 특히 부정적 언급의 감정 강도를 분석하여 챕터에서 강조한 '감정 강도 기반 분석'을 효과적으로 수행할 수 있다.
- 연관어 분석: 키워드가 언급된 문서 내에서 함께 등장한 단어를 분석하여 소비자가 브랜드나 제품에 대해 어떤 맥락에서 이야기하는지 파악할 수 있다.

- 비교 분석: 경쟁 브랜드 간의 소셜 미디어 성과를 비교하여 시장에서의 포지셔닝과 경쟁 우위를 분석할 수 있다.
- 실시간 모니터링: 브랜드 관련 부정적 언급이나 급격한 언급량 증가 시 실시간 모니터링을 통해 위기 상황에 신속하게 대응할 수 있다.

사용 방법

회원 가입 후 관심 키워드를 설정하면 주요 소셜 미디어에서 데이터를 수집하여 분석 결과를 제공한다. 대시 보드를 통해 감정 분석 기능으로 고객 반응의 긍정과 부정 및 그 강도를 파악하고, 연관어 분석 기능으로 특정 키워드가 언급되는 맥락을 이해할 수 있다. 경쟁사 비교 분석 기능으로 시장 내 자사 위치를 점검할 수 있다.

활용 팁

경쟁사 캠페인의 성공과 실패 요인을 분석하고, 감정 및 연관어 변화를 통해 시장 트렌드를 파악할 수 있다. 감정 분석과 연관어 분석을 결합하여 특정 제품 기능 또는 서비스 경험에 대한 고객의 미충족 니즈 및 구체적 불만 사항을 도출에 활용될 수도 있을 것이다. 결국 비교 분석

데이터의 시계열 추적을 통해 자사 및 경쟁사 포지셔닝 변화를 정량적으로 파악 가능하다.

참고문헌

당근(2024.10.16). 당근페이, 중고거래 '안심결제' 기능 도입. https://about.daangn.com/company/pr/archive/당근페이-중고거래-안심결제-기능-도입/

당근(2024.11.25). 당근페이, 중고거래 안심결제 '보상제도' 도입. https://about.daangn.com/company/pr/archive/당근페이-중고거래-안심결제-보상제도-도입/

박수현·이예은·이한진(2024). 구매후기 작성 AI 지원을 통한 고객경험 증진에 관한 연구. ≪전기학회논문지≫, 73(2), 334-342.

안혜원(2024.10.16). 비대면 사기 막아라…당근, 중고거래 '안심결제' 기능 도입. 한국경제. https://www.hankyung.com/article/202410169247g

AI매터스(2024.8.16), 빅데이터 분석 플랫폼, 썸트렌드(Sometrend). AImatters. https://aimatters.co.kr/ai-tool/ai-tool-db/2100/

Carr, D.(2013.2.24). Giving Viewers What They Want. *The New York Times.* https://www.nytimes.com/2013/02/25/business/media/for-house-of-cards-using-big-data-to-guarantee-its-popularity.html

Davenport, T. H., et al.(2024.4.29). GenAI Can Help Companies Do More with Customer Feedback. *Harvard Business Review.*

https://hbr.org/2024/04/genai-can-help-companies-do-more-with-customer-feedback

Gorny, T.(2024.8.12). How To Bring Customer Feedback To Life With AI. Forbes.
https://www.forbes.com/sites/tomasgorny/2024/08/12/how-to-bring-customer-feedback-to-life-with-ai/

Mechany, A.(2025.7.6). "How to Use ChatGPT as an Account Manager". *Similarweb blog.*
https://www.similarweb.com/blog/sales/consultative-selling/chatgpt-for-account-management/

Medallia(2025). Customer Experience 101: Everything You Need to Know About CX". Medallia Resources.
https://www.medallia.com/experience-101/customer-experience/

06
피벗, 결정적 순간을 포착하라

가설 검증과 피벗은 시장의 불확실성을 관리하는 방법론이다. 명확한 가설 설정, A/B 테스트를 통한 실험, 데이터 분석을 거쳐 객관적으로 의사 결정할 수 있다. 이를 바탕으로 방향 유지, 피벗, 혹은 종료와 같은 판단을 내릴 수 있다. 다양한 피벗 유형과 실행 전략을 통해 시장 환경에서 명확한 기준으로 성장 경로를 모색할 수 있다.

AI와 야구?

왜 지금, 가설 검증과 피벗을 알아야 할까?

"고객이 신호를 보내는데 우리는 왜 포착하지 못할까요?" 수많은 피드백 속에서 의미 있는 신호와 소음을 구분하는 일은 쉽지 않다. 많은 조직이 피드백 분석에 체계적인 방법론을 갖추지 못하고 있기 때문이다. 데이터가 쌓여도 제대로 활용하지 못하거나, 가장 큰 목소리에만 귀 기울이는 경우가 적지 않다. 때로는 데이터의 일부만 보고 성급한 결론을 내리거나, 아예 분석 자체를 포기하기도 한다. 이런 방식으로는 고객이 진정으로 원하는 것을 파악하기 어렵다.

AI 기술의 발전은 창업자에게 과거에는 불가능했던 대규모 피드백 분석은 물론, 미묘한 맥락과 감정까지 파악할 수 있는 기회를 제공한다. 고객의 진짜 목소리를 듣고 이를 제품에 반영하는 일이 훨씬 수월해진 것이다. 하지만 피드백 분석만으로는 충분치 않다. 분석과 통찰을 바탕으로 구체적인 가설을 세우고 이를 체계적으로 검증하는 과정이 반드시 뒤따라야 한다. 이 장에서는 가설을 체계적으로 검증하고, 데이터를 바탕으로 효과적인 피벗을 실행하는 방법을 소개한다.

가설 검증, 실험으로 방향을 찾다

가설은 실험으로 검증할 예측이자 프로젝트 진행 방향을 점검하는 중요한 도구다. 가설은 명확하고 측정 가능해야 한다. 그래야 실제 데이터를 통해 가설의 진위 여부를 객관적으로 판단하고 합리적인 의사 결정의 근거를 마련할 수 있다. 가령, "사용자가 우리 제품을 좋아할 것이다" 같은 모호한 가설 대신, "25~35세 직장인이 출퇴근 시간에 우리 앱을 주 3회 이상 사용할 것이다"처럼 구체적으로 설정해야 판단의 근거로 삼을 수 있다.

또한, 가설은 실험을 통해 검증 여부를 명확하게 확인할 수 있어야 한다. "회원 가입 단계를 세 단계에서 한 단계로 줄이면 가입 완료율이 증가할 것이다"처럼 달성 기준이 모호한 가설보다는, "2주 안에 가입자 20%가 유료로 전환하면 가설 A가 입증된 것으로 간주한다"와 같이 구체적인 판단 기준을 함께 설정해야 의사 결정에 적용할 수 있다.

가설이 설정되었다면, 이를 실제로 검증하기 위해 실험과 측정이 필요하다. 이 과정에서 자주 쓰는 방법 중 하나가 A/B 테스트다. A/B 테스트라고 하면 흔히 버튼 색깔이나 문구를 바꾸는 것을 떠올리기 쉽다. 하지만 단순히 결과에 그치지 않고, 사용자가 왜 특정 색상에 더 반응하는지와 같이 행동 이면에 있는 심리적 맥락을 이해하는 것이 더 중요하다. '빨간색 버튼이 파란색 버튼보다 클릭률이 높다'는 결과에 머물지 않고, 사용자 행동의 이유를 찾아야 한다.

2021년 쿠팡은 패션 카테고리에서 고객이 사이즈 정보를 찾지 못해 구매를 포기하는 문제를 발견했다. 사용자 행동을 분석한 결과, 고객은 상품을 볼 때 사이즈를 가장 먼저 확인했다. 이어서 컬러와 스타일, 소재와 품질 정보를 탐색하는 경향을 보였다. 문제는 첫 단계인 사이즈 정보를 찾기 어려워하는 고객이 많았다는 점이다.

이 문제를 해결하고자 쿠팡은 상품 상세 페이지 상단에 '사이즈 안내' 버튼을 추가하는 A/B 테스트를 진행했다. 그러나 예상과 달리 버튼 클릭률은 매우 낮았다. 사용성 테스트로 원인을 분석한 결과, 고객은 페이지 상단을 주로 가격과 결제 혜택 확인 영역으로 인식해 사이즈 관련 버튼이 시선 밖으로 밀려나는 현상이 나타났다. 그럼에도 불구하고 버튼을 클릭한 고객의 전환율이 클릭하지 않은 고객보다 2배 이상 높았다는 점은 긍정적인 신호였다. 이를 통해 버튼의 내용이나 기능에는 문제가 없고, 위치와 가시성 개선만으로 효과를 볼 수 있음을 알 수 있었다.

이어서 쿠팡은 "사이즈 옵션을 선택하는 시점에 자연스럽게 정보가 제공될 것"이라는 새로운 가설을 세웠다. 이에 따라 옵션 선택 영역 옆에 버튼을 재배치하는 두 번째 A/B 테스트를 진행했다. 그 결과 버튼 클릭률이 증가했고, 사이즈 정보를 확인한 고객의 구매 전환율과 해당 상품군의 총거래액까지 모두 상승했다. 이처럼 구체적인 가설 설정과 반복적인 테스트는 문제 해결의 실마리를 제공한다.

앰플리튜드(Amplitude)나 믹스패널(Mixpanel) 같은 분석 도구는 개별 사용자의 행동을 종합해 패턴을 찾아낸다. "30일 뒤에도 꾸준히 재방문하는 사용자는 어떤 행동을 보이는가?" 같은 질문을 통해 충성 고객의 행동 동선을 파악할 수 있다. 예상치 못했던 기능이 재방문을 이끌었다면, 이는 해당 기능을 중심으로 제품을 재편하는 피벗의 근거가 된다.

하지만 이런 데이터 분석도 한계가 있다. '왜 이런 행동을 보이는지'에 대한 답은 찾기 어렵기 때문이다. 여기서 핫자(Hotjar) 같은 시각화 도구가 도움이 된다. 히트맵은 사용자의 시선과 클릭이 머무는 곳을 시각적으로 보여 주고, 세션 녹화는 개별 사용자의 화면 경험을 그대로 녹화해 보여 준다. 만약 데이터상 특정 페이지의 이탈률이 높다면, 핫자의 세션 녹화 영상으로 사용자가 버튼을 찾지 못해 헤매거나 특정 문구 앞에서 망설이다 페이지를 떠나는 모습을 직접 확인할 수 있다. 숫자 데이터와 사용자의 실제 행동 기록이 결합되면 문제의 원인을 파악하고 다음 단계를 결정하기가 훨씬 수월해진다.

피벗 결정의 세 가지 선택지

가설 검증 이후에는 방향 유지(Persevere), 전환(Pivot), 또는 종료(Kill) 중 하나를 선택해야 한다. 이때 시장 신호와 비즈니스 현실을 함께 따져 봐야 한다. 특히 창업자는 자신의 가설을 지지하는 신호만 보려는 확증 편향에 빠지기 쉽다. 그렇기 때문에 여러 데이터를 종합해서 해석하는 습관을 길러야 균형감 있게 현상을 파악할 수 있다.

피벗을 고려해야 할 신호는 여러 형태로 나타난다. 지속적으로 경쟁사를 따라잡는 데 급급하거나 시장 경쟁이 예상보다 심화된 상황에서 성장이 정체되고 있다면 주의 깊게 살펴봐야 한다. 여기서 중요한 점은 제품 전체가 아닌 특정 기능만 사용자에게 긍정적 반응을 얻고 있다면, 이는 오히려 새로운 기회의 신호일 수 있다는 것이다. 이런 경우, 그 기능을 중심으로 비즈니스 모델을 재

구성하는 것이 더 나은 접근일 수 있다.

이런 상황에서 가장 중요한 건 현재 위치를 객관적으로 평가하는 일이다. "이 문제는 추가 연구, 고객 개발, 자금 조달 등으로 해결할 수 있는가?"라는 질문에 솔직하게 답해 봐야 한다. 만약 답이 "아니요"라면, 피벗을 고려할 시점이다. 처음 가졌던 비전과 시장 경험 후의 관점이 달라졌다면 더더욱 그렇다. 시장의 제한적인 반응은 때로는 더 큰 기회의 신호가 될 수도 있다.

야놀자가 어떻게 이 난관을 헤쳐 나갔는지 살펴보자. 2007년 창업 후 모텔 중심 서비스로 초기 성공을 거뒀지만, 모텔 시장의 포화와 고객 니즈 다양화 등으로 성장의 한계가 드러나기 시작했다. 이러한 변화에 대응해 그들은 펜션 등 숙소 유형별로 앱을 따로 출시해 서비스를 제공했다. 그러나 앱이 나뉘다 보니 사용자 사이에 혼선이 빚어지기도 했다. 고객의 사용 패턴을 면밀히 관찰했고, 그 결과 "숙소 유형을 사전에 계획하고 숙소를 예약하는" 과정에서 다양한 숙박 옵션을 한곳에서 비교하고 선택하기를 원한다는 사실을 발견했다.

야놀자는 이 신호를 새로운 기회로 봤다. 2016년, 모텔, 호텔, 펜션, 게스트하우스 등 다양한 숙박 유형을 하나의 앱에서 제공하는 종합 숙박 서비스로 개편했다. 모텔 숙소 정보만 제공하던 것을 모든 유형의 숙소를 한곳에서 보고 선택하도록 개선하며, 분산되었던 서비스를 통합한 것이다. 기존 숙소 유형별 전문성은 오히려 통합 플랫폼의 차별화된 경쟁력이 됐다. 각 영역에서 쌓아 온 노하우와 데이터가 종합 서비스의 자산으로 활용된 것이다.

효과적인 피벗 실행 전략

피벗은 실험과 데이터에서 얻은 통찰을 바탕으로 비즈니스 전략을 재설계하는 과정이다. 이때 무엇을 바꿀지보다 왜 바꿔야 하는지를 명확히 이해해야 한다. 피벗을 실행할 때 가장 흔한 실수는 한 번에 너무 많은 것을 바꾸려 한다는 점이다. 고객, 문제, 솔루션을 동시에 변경하면 무엇이 효과를 냈는지 알 수 없다. 한 번에 하나의 요소만 바꿔야 그 효과를 제대로 측정할 수 있다.

피벗은 무엇을 중심으로 변화를 꾀하느냐에 따라 다양한 유형으로 나눌 수 있다. 크게 고객과 문제, 제품 범위, 비즈니스 모델, 그리고 특별한 형태라는 네 가지 영역에서 피벗의 종류를 살펴보자.

먼저, 고객과 문제 영역의 피벗을 알아보자. 고객층(Customer Segment) 피벗은 제품 기능은 그대로 두고 대상 고객만 바꾸는 접근이다. 예를 들어, 대학생용 학습 앱을 만들었는데 취업 준비생이 더 관심을 보인다면 그들로 방향을 전환하는 식이다. 이와 정반대로 고객 니즈(Customer Need) 피벗도 있다. 고객은 유지하되 문제 정의를 바꾸는 방식이다. 같은 학습 앱이라도 기초 학습보다 실무 포트폴리오 제작에서 진가를 발휘한다는 걸 깨달았다면, 초점을 그 지점으로 옮기는 것이다.

다음으로 제품 범위를 변경하는 피벗이다. 줌인(Zoom-in) 피벗은 특정 기능에 모든 역량을 집중하는 전략이다. 알고리즘 연습 기능만 사용자가 선호하면, 다른 기능을 포기하고 그 기능만 발전시키는 것이다. 반면, 줌아웃(Zoom-out) 피벗은 반대 방향으로 움직인다. 코딩 학습 앱에서 출발해 영어, 오피스 프로그램 등 서비스 제공의 범위를 넓히는 방식이다. 기술(Technology) 피벗은 같은 고객과 문제를 다른 기술적 해결책으로 제공하는 유형이다. 기존 강의 중심의 학습 앱을 AI 코딩 에이전트를 활용한 맞춤형 학습 앱으로 바꾸는 게 이러한 피벗의 예시다. 가치는 동일하되 전달 방식을 개선하는 셈이다. 플랫폼(Platform) 피벗도 있다. 이는 기존 제품을 더 큰 생태계의 한 조각으로 만들거나, 복잡한 플랫폼을 간단한 앱으로 단순화하는 경우를 일컫는다.

비즈니스 모델을 변경하는 피벗도 살펴보자. 채널(Channel) 피벗은 제품 가치는 그대로 두고 고객 접점만 바꾸는 방식을 말한다. 개인 학습자(B2C)를 위한 앱을 대학 교육기관(B2B) 솔루션으로 전환하는 게 여기에 해당한다. 비즈니스 아키텍처(Business Architecture) 피벗은 프리미엄 제품을 소수에게 비싸게 파는 방식에서 대중적 제품을 많은 사람에게 저렴하게 파는 방식으로, 또는 그 반대로 전환하는 경우도 포함한다. 가치 창출(Value Capture) 피벗에서는 구독료 기반 모델을 광고료나 수수료 모델로 바꾸는 경우다. 성장 엔진(Engine of Growth) 피벗은 성장 방식 자체를 바꾸는 것인데, 입소문 확산에서 다이렉트 마케팅으로, 또는 그 반대로 방향을 바꾸는 것을 의미한다.

마지막으로 특별한 형태의 피벗이 있다. 팀(Team) 피벗에서는 창업팀 구성이 크게 달라진다. 공동창업자가 교체되거나 개발팀 전체가 새로 꾸려지는 경우다. 완전(Complete) 피벗은 가장 극단적인 형태다. 창업팀만 남기고 제품, 고객, 수익 모델을 모두 바꾼다. 사실상 새 회사로 거듭나는 것과 다름없다.

이처럼 다양한 형태의 피벗이 존재하지만, 피벗의 밑바탕에는 하나의 공통된 전제가 깔려 있다. 처음 세웠던 가설이 틀렸을 수도 있다는 것을 받아들이는 것이다. 자신이 확신했던 아이디어를 포기하고 새로운 길을 찾아 나서는 일은 상당한 용기를 요구한다. 그러나 피벗 그 자체가 목표는 아니다. 시장에서 실제로 작동하는 지속가능한 비즈니스 모델을 만들어 내기 위한 하나의 과정일 뿐이다. 따라서 피벗을 결정할 때는 구체적인 데이터와 고객의 솔직한 반응에 귀를 기울여야 한다.

작은 실험이 만드는 큰 변화

가설 검증과 피벗은 실제 비즈니스를 변화시키는 실용적 도구다. '[특정 고객층]은 [특정 문제]를 겪고 있을 것이다'와 같이 가설을 구체적이고 명확한 문장으로 정의한다. 이를 최소한의 효율적인 실험으로 검증한 후, 그 결과에 따라 방향을 유연하게 조정하는 것이 린 스타트업의 기본적인 흐름이다. 린 스타트업에서는 실패 가능성이 있는 실험을 통해 학습한다. 예상대로만 진행되는 실험에서는 새로운 통찰을 얻기 어렵기 때문이다.

가설 검증과 피벗은 불확실성을 줄이는 도구다. 데이터를 통해 현실을 직시하고, 필요하다면 방향을 전환하며 유연하게 대응할 수 있어야 한다. 막연한 추측 대신 구체적인 가설을 세우고, 희망적 기대 대신 체계적인 실험을 진행하며, 초기 계획에 대한 고집 대신 상황에 맞는 유연한 전환을 선택하는 역량을 갖춰야 한다. 하지만 올바른 방향을 찾았다고 해서 끝이 아니다. 이제 그 방향에서 어떻게 지속가능한 성장을 만들어 낼 것인가가 남은 과제다. 다음 장에서는 제품과 시장의 적합성을 확보하고 성장 엔진을 작동시키는 전략을 다룬다.

[실전 AI 툴 키트] 핫자

핫자(Hotjar, www.hotjar.com)는 사용자 행동 분석과 피드백 수집 기능을 결합한 웹 분석 플랫폼이다. 히트맵과 세션 리코딩을 통해 사용자 경험의 문제점을 발견하고, 설문 조사와 피드백, 인터뷰 등 다양한 방식으로 사용자 의견을 직접 수집할 수 있다.

주요 기능

- 히트맵(Heatmap): 사용자의 클릭, 스크롤, 마우스 이동을 시각적으로 표시하여 행동 패턴과 관심 영역을 살펴보고, 어떤 콘텐츠에 사용자가 반응하는지 확인할 수 있다.
- 세션 리코딩(Session Recording): 실제 사용자의 화면 움직임과 상호 작용을 영상으로 기록하여 사용자 경험

을 분석하고 사용성 문제를 발견할 수 있다.
- 퍼널(Funnel): 전환 과정에서 사용자가 이탈하는 지점을 파악하여 전환율 개선과 매출 증대에 기여할 수 있다.
- 설문 조사: AI를 활용하여 적합한 설문 조사를 설계하고나 40개 이상의 템플릿을 활용하여 아이디어를 검증하고 사이트와 제품 전반의 사용자 경험을 개선할 수 있다.
- 피드백 버튼: 피드백 버튼을 사이트에 추가하여 사용자가 무엇을 좋아하는지, 무엇을 불편하게 하는지, 어떤 부분을 개선해야 할지 피드백을 받을 수 있다.

사용 방법

웹사이트에 추적 코드를 설치한 후, 대시 보드에서 히트맵 기능을 통해 사용자의 행동을 시각적으로 확인할 수 있다. 세션 리코딩 기능으로 사용자의 실제 화면 움직임과 상호 작용을 재생하여 사용성 문제를 파악할 수 있다. 설문 조사나 피드백 버튼, 인터뷰를 활용하여 사용자 의견을 직접 수집할 수 있다.

활용 팁

세션 리코딩을 통해 사용자 행동을 직접 관찰하여 문제점을 발견할 수 있다. 히트맵에서 예상과 다른 행동 패턴을 발견하면 UI 개선의 실마리를 얻을 수 있다. 중요한 페이지의 수정 전후 데이터를 비교해 개선 효과를 측정하는 것이 좋다.

참고문헌

류근영(2024.9.30). [Who Is ?] 이수진 야놀자 총괄대표. 비즈니스포스트. https://www.businesspost.co.kr/BP?command=article_view&num=367288

오대석(2016.10.20). 야놀자, 모텔에서 호텔까지...종합 숙박 앱으로 재탄생. 전자신문. https://www.etnews.com/20161019000285

쿠팡 디자인팀(2021.10.21). 쿠팡 UX Club 3. 테스트 결과가 예상과 다를 때. 브런치. https://brunch.co.kr/@coupangdesign/73

Bajwa, S. S., et al.(2016). *How do software startups pivot? Empirical results from a multiple case study*. In J. M. Verner & B. Brankovic (Eds.), Software business: 7th international conference, ICSOB 2016 (pp. 163-176). Cham, Switzerland: Springer.

Croll, A. & Yoskovitz, B.(2013). *Lean analytics: Use data to build a better startup faster*. Sebastopol, CA: O'Reilly Media.

Davenport, T. H.(2022.3.9). How legacy companies can pivot to a platform model. *Harvard Business Review*. https://hbr.org/2022/03/how-legacy-companies-can-pivot-to-a-platform-model

Deloitte(2025). Navigating AI Opportunities and Challenges. EU Artificial Intelligence Act Deep Dive report.

https://www.deloitte.com/nl/en/issues/transformation/navigating-ai-opportunities-and-challenges.html

Loresco, S.(2023.06.13), Beyond the prompt: the impact of artificial intelligence on 5 major industries. *Hotjar Blog Trending Topics.* https://www.hotjar.com/blog/ai-impact-industries-1

07
PMF, 열광의 지점을 찾아라

PMF(제품-시장 적합성)은 스타트업의 성공과 실패를 결정하는 중요한 요소다. 이를 측정하는 방법으로 션 엘리스 테스트, 유기적 성장률, LTV:CAC 비율이 있다. PMF를 달성하기 위해서는 기술에 대한 집착과 기능 과잉 설계, 불명확한 목표 고객 설정과 같은 걸림돌을 피하고, 사용자가 제품 가치를 깨닫는 '아하 모멘트'를 만들어야 한다.

AI와 윤동주?

PMF는 왜 중요한가?

"우리는 고객이 원하는 것을 만들었는데, 왜 사용자는 늘지 않을까?" 아무리 뛰어난 제품을 만들어도 성장이 멈추는 순간, 창업자는 이런 절망적인 물음과 마주하게 된다. 그 근본적인 원인은 만든 사람이 중요하다고 믿는 것과 쓰는 사람이 필요로 하는 것 사이의 깊은 간극에 있다. 수많은 창업자가 이 간극을 인식하지 못한 채, 시간과 자본을 소진하게 된다.

반면 고객이 스스로 나서서 주변에 추천하며 입소문을 만들어 내는 제품이 있다. 두 제품의 차이는 마케팅 전략이나 자금력에 있지 않다. 고객이 원하는 것과 제품이 제공하는 것 사이의 일치도, 즉 PMF(Product-Market Fit, 제품-시장 적합성)에 달려 있다. PMF가 확보되지 않으면 스타트업은 성장이 아닌 생존 자체가 어려워진다. PMF를 달성하는 것은 다른 어떤 전략보다 우선해야 할 과제다. 이 장에서는 PMF 달성 여부를 측정하고, 과정의 걸림돌을 파악하며, 사용자가 제품 가치를 깨닫는 순간을 설계하는 방법을 다룬다.

숫자와 신호로 파악하라

PMF는 어떻게 측정할 수 있을까? '제품-시장 적합성'이란 말은 다소 추상적으로 들릴 수 있다. PMF는 결코 뜬구름 잡는 개념이 아니다. 고객의 행동, 시장의 반응, 그리고 비즈니스의 재무 건전성 속에 그 달성 여부를 판단할 신호가 숨어 있다. 이 신호를 종합적으로 파악하는 데 세 가지 질문을 활용할 수 있다. '고객은 이 제품을 사랑하는가?(고객 애착도)', '그 사랑이 자발적으로 퍼져 나가는가?(성장 잠재력)', 그리고 '이 모든 과정이 경제적으로 지속가능한가?(비즈니스 지속성)'이다.

우선 '고객 애착도'를 확인하는 방법은 션 엘리스(Sean Ellis)의 테스트다. "만약 내일 우리 제품이 사라진다면, 얼마나 아쉬울 것 같습니까?"라는 질문으로 고객 반응을 측정한다. 이 질문에 40% 이상의 고객이 "매우 아쉬울 것 같다"고 답하면 PMF 달성의 긍정 신호로 볼 수 있다. 고객이 제품을 얼마나 자주 찾는지 보여 주는 제품 밀착도 역시 중요한 지표다. 이는 월간 활성 사용자(MAU, Monthly Active User) 중 매일 접속하는 사람(DAU, Daily Active User)의 비율(DAU ÷ MAU)로, 제품이 고객의 삶에 얼마나 깊이 파고들었는지 측정할 수 있다. 가령, 한 달에 한 번 이상 방문한 고객이 100명

(MAU)이고, 매일 방문하는 고객이 평균 20명(DAU)이라면 제품 밀착도는 20%가 된다. 이는 월간 사용자 5명 중 1명은 매일 제품을 사용할 만큼, 제품이 일상에 자리 잡았다는 의미다.

고객 애착도를 파악했다면, 이제 그 만족감이 외부로 자연스럽게 퍼져 나가는지, 즉 '성장 잠재력'을 살펴볼 차례다. 유료 광고나 할인 없이 자체의 힘으로 성장하는 유기적 성장률(Organic Growth Rate)이 주 5~7% 수준으로 꾸준히 유지된다면, 시장이 제품을 끌어당기고 있다는 증거다. 입소문의 품질을 파악하려면 NPS(Net Promoter Score, 순추천지수)를 활용할 수도 있을 것이다. 통상 점수가 30점 이상이라면 긍정적인 입소문이 나고 있다는 신호라고 평가한다.

고객 애착도와 성장 잠재력을 확인한 후, 이 모든 과정이 경제적으로 성립하는지, 즉 '비즈니스 지속성'을 검증해야 한다. 고객 한 명을 데려오는 데 쓴 돈(CAC, 고객 획득 비용)보다 그 고객이 평생에 걸쳐 우리에게 주는 가치(LTV, 고객 생애 가치)가 커야 한다. 일반적으로 LTV가 CAC의 3배 이상일 때, 지속가능한 수익 구조를 갖췄다고 판단한다. 반대로 이 비율이 1 이하라면, 고객을 데려올수록 손해를 보는 위험한 상태라는 뜻이다.

이 지표를 함께 분석하면 더 깊은 통찰을 얻을 수 있다. 고객 애착도가 높은 그룹의 LTV는 어떤지, NPS가 높은 고객이 얼마나 많은 자발적 성장을 만드는지 등 지표를 유기적으로 연결해 분석하면 현재 위치를 다층적으로 이해하는 데 도움이 된다. 지표가 목표치에 미달하고 성장이 정체된다면, 이는 전략을 재검토하라는 시장의 신호다. 이때 실망하지 말고 어떤 고객 그룹이 우리 제품을 사랑하는지, 그들의 어떤 문제를 해결해 주고 있는지 파악하고, 그 지점을 강화하는 데 집중할 기회로 삼는 것이 좋다.

PMF를 가로막는 걸림돌

PMF 달성은 스타트업의 가장 중요한 과제이지만, 이 문턱을 넘지 못하고 실패하는 경우가 많다. 이런 실패는 운이나 노력의 문제라기보다, 성공하고자 하는 열정이 지나쳐 PMF를 가로막는 걸림돌에 부딪히기 때문이다. 이를 이해하는 것은 실수를 반복하지 않고 성공 확률을 높이는 확실한 방법이 된다. PMF를 가로막는 함정은 다음의 몇 가지가 있다.

먼저 고객의 필요가 아닌 창업자 자신의 기술이나 비

전에 집착하는 것이다. 가령 고객이 당장 쉬운 결제 시스템을 원하는데도, '미래 금융 생태계' 같은 거대하고 복잡한 그림을 먼저 그리는 경우다. 이로 인해 고객이 원하는 실용적인 해결책 대신, 기술적으로만 뛰어난 '과잉된 해결책'을 만들어 고객의 선택과 멀어진다.

게다가 '많을수록 좋다'는 믿음 아래 불필요한 기능을 계속 추가하는 '기능 과잉'을 들 수 있다. 경쟁 제품에 대한 압박감이나 일부 고객의 요구를 비판 없이 수용하다 보면, 사용자는 필요한 기능을 찾기 위해 수많은 메뉴와 버튼 사이에서 길을 잃게 된다.

나아가 명확한 목표 고객 없이 '모두'를 만족시키려는 함정도 있다. '20대부터 50대까지 모두를 위한 서비스'와 같은 문구는, 사실상 누구에게도 매력적이지 않다는 위험 신호다. 이는 제품의 핵심 가치를 모호하게 만들어, 어떤 고객층에도 매력적으로 다가가지 못하는 결과를 낳는다.

이 중 '모두를 위한 제품'을 만들다 길을 잃는 문제를 데이터로 해결한 사례를 살펴보자. 2000년대 중반, 초기 페이스북은 새로 가입한 사용자가 서비스를 얼마 사용하지 않고 떠나 버리는 문제를 겪고 있었다. '유지율을 높이자'는 목표는 있었지만, 구체적인 실행 방안이 명확하지 않아 어떻게 해야 할지 갈피를 잡지 못하고 있었다. 그들은 문제의 원인을 찾기 위해, 서비스를 계속 쓰는 사람과 금방 떠나 버린 사람의 행동을 비교 분석했다. 그 결과, 중요한 사실을 발견했다. 가입 초기에 10명 이상의 친구를 추가한 사용자가 그렇지 않은 사람보다 서비스를 훨씬 더 오래 이용하는 것이었다. 즉, 가입 초기의 친구 연결이 사용자 유지와 강한 상관관계를 보인다는 것을 데이터로 확인한 것이다.

이러한 발견을 토대로 그들은 전략을 "신규 사용자가 가입 7일 안에 10명의 친구를 추가하도록 만든다"는 구체적인 목표로 수정했다. 이후 친구를 추천하는 알고리즘을 개선하고, 회원 가입 절차를 쉽게 만드는 등 자원을 이 목표 달성에 집중했다. 이후 전체 유지율이 개선되었고, 이는 페이스북 성장의 중요한 전환점이 되었다. 페이스북 사례는 '모든 사용자'를 대상으로 한 막연한 접근보다, 데이터 분석을 통해 핵심 행동을 파악하고 이를 중심으로 전략을 수립하는 것이 중요하다는 것을 보여 준다.

'아하 모먼트'를 설계하라

고객이 '바로 이 제품이구나' 하고 깨닫는 순간을 '아하 모먼트(Aha! Moment)'라고 정의한다. 이 순간은 사용자가 제품의 핵심 가치를 처음으로 이해하고, 그 제품 없이는 불편함을 느끼게 되는 결정적인 지점이다. 아하 모먼트를 경험한 사용자는 제품에 깊은 유대감을 형성하고, 일회성 방문객이 아닌 계속해서 제품을 이용하는 충성 고객으로 전환될 가능성이 커진다. 아하 모먼트를 찾으려면, 제품을 꾸준히 이용하는 사용자와 초기에 이탈한 사용자의 초기 행동 패턴 차이를 분석해 숨겨진 단서를 찾아내야 한다.

아하 모먼트의 대표적인 사례로 스포티파이(Spotify)의 '디스커버 위클리(Discover Weekly)'를 살펴볼 수 있다. 2015년 디스커버 위클리 출시 이전, 스포티파이에는 이미 새로운 음악을 추천하는 '디스커버' 기능이 있었다. 하지만 이 기능은 여러 앨범과 아티스트 추천이 뒤섞여 있었고, 메뉴 깊숙한 곳에 있어 거의 사용되지 않았다. 그들은 "새로운 음악을 발견하고 싶지만, 앨범 20개를 일일이 클릭하고 싶지는 않다"는 사용자의 숨겨진 니즈에 주목했다.

이 문제를 해결하고자 스포티파이는 음악을 직접 '탐

색하는 수고' 없이 '발견하는 즐거움'을 선사하는 새로운 접근법을 택했다. 바로 매주 월요일마다 개인의 청취 습관을 분석해 30곡의 새로운 노래를 담은 플레이리스트를 제공하는 방식이었다. 이들은 마치 친한 친구가 직접 만들어 준 믹스 테이프처럼 느껴지는 경험을 사용자에게 전달하고자 했다.

이 전략은 사용자가 새로운 음악을 찾느라 겪는 피로를 해소해 주고, 개인화된 추천 기술로 취향에 맞는 음악을 제공하며, 마치 친구가 직접 선곡해 준 듯한 심리적 유대감을 형성했기 때문에 성장의 전환점이 되었다. 바로 '디스커버 위클리'의 사용자 참여율(Engagement Rate)은 약 40%로 상승했고, 개인화 플레이리스트는 전체 청취 시간의 30% 이상을 차지하며 스포티파이의 중요한 기능으로 자리매김했다. 사용자가 '나의 취향을 알아주는 서비스'라고 느끼는 경험, 이것이 바로 스포티파이의 아하 모먼트였다.

아하 모먼트를 발견하고 검증하는 과정은 데이터 기반의 체계적인 접근이 필요하다. 먼저 앰플리튜드(Amplitude)나 믹스패널(Mixpanel) 같은 분석 도구를 통해, 가설을 바탕으로 사용자 행동 데이터를 수집하고 분석해야 한다. 예를 들어 '프로필 작성이 사용자 유지에 영향을 줄 것'이라는 가설을 세웠다면, 프로필을 작성한 그룹과 그렇지 않은 그룹의 30일 후 유지율을 코호트 분석으로 비교한다. 이러한 과정을 통해, 사용자 행동 중에서 장기 유지율과 가장 강한 상관관계를 보이는 행동 지표를 찾아낼 수 있다.

이처럼 정량 분석으로 유력한 행동 후보를 찾았다면, 이제 그 행동 뒤에 숨겨진 사용자 경험을 깊이 들여다볼 차례다. 핫자(Hotjar)의 히트맵이나 세션 녹화 기능은 데이터상의 숫자 하나가 어떤 망설임과 어려움이 있었는지 시각화하여 보여 준다. 여기에 인터뷰나 설문을 통해 직접 "언제 이 제품이 정말 유용하다고 느꼈나요?"라고 물으면, 사용자의 행동을 이끈 진짜 동기와 맥락을 파악할 수 있다.

문제점을 발견하고 개선 가설까지 세웠다면, 이제 가설이 실제로 효과가 있는지 증명해야 한다. 이때 옵티마이즐리(Optimizely) 같은 도구를 활용한 A/B 테스트가 유용하다. 온보딩 단계의 순서를 바꾸거나 기능을 안내하는 문구를 다르게 제시하는 실험을 통해, 어떤 방식이 더 많은 사용자를 아하 모먼트로 이끄는지 데이터를 통해 확인할 수 있다.

데이터로 판단하고, 사용자로 확장하라

PMF를 달성하기 위한 여정은 크게, 현재 상태를 파악하는 '진단'과 제품의 가치를 끌어올리는 '개선'의 두 단계로 나뉜다. 먼저 션 엘리스 테스트를 통해 제품의 현주소를 객관적으로 진단해야 한다. 앞에서 언급한 것과 같이 만약 40% 이상의 사용자가 '제품이 사라지면 매우 실망할 것'이라고 답했다면, 이는 PMF에 근접했다는 긍정적인 신호이니, 이제 개선 단계로 넘어갈 수 있다.

이때는 장기 이용자와 초기 이탈자의 행동 데이터를 비교 분석하여, 어떤 결정적인 행동이 사용자가 제품을 계속 이용하게 만드는지, 다시 말해 '아하 모먼트'를 찾아내야 한다. 그리고 사용자가 그 행동에 이르기까지의 여정에서 장애물을 제거하고 온보딩 경험을 세심하게 재설계해야 한다. 반면, 션 엘리스 테스트 결과가 40%에 미치지 못한다면, 섣부른 개선보다는 제품 가치를 재정의하거나 새로운 고객층을 탐색하는 '진단' 단계에 더 집중하는 것이 좋다.

PMF 달성은 끝이 아니라, 더 큰 도전을 향한 새로운 출발점이다. 검증된 제품 가치를 기반으로 이제 더 큰 성장을 추구해야 하지만, 작은 연못에서의 성공 공식이 더 넓은 바다에서도 성공을 보장하지 않는다. 고객층이 다양해지고 경쟁이 치열해지는 환경에서 기존 방식만으로는 한계에 부딪히기 때문이다. 다음 장에서는 PMF라는 단단한 기반 위에서 어떻게 더 높이 성장할 수 있는지, 그 스케일 업의 과제와 해법을 살펴본다.

[실전 AI 툴 키트] 앰플리튜드

앰플리튜드(Amplitude, https://amplitude.com)는 사용자 행동 분석에 특화된 제품 분석 도구로, 데이터를 수집하고 시각화할 수 있는 비즈니스 인텔리전스 플랫폼이다.

주요 기능

- 코호트(Cohort) 분석: 특정 행동을 취한 사용자 그룹과 그렇지 않은 그룹을 비교하여 제품의 가치 제안을 확인할 수 있다.
- 사용자 여정 매핑(Mapping): 사용자의 제품 내 이동 경로를 시각화하여 이탈 지점과 전환 포인트를 파악하고 사용자 경험을 개선할 수 있다.
- 유지율(Retention Rate) 분석: 시간에 따른 사용자 유지율을 측정하여 PMF 달성 여부를 평가하고 제품 개선의 효과를 정량적으로 확인할 수 있다.

- AI 에이전트: AI를 활용한 데이터 분석, 인사이트 도출, 이상 징후 감지, 가설 설정 및 실험 제안 등 고급 기능을 제공한다.
- 크로스 플랫폼 추적: 웹, 모바일 앱 등 다양한 플랫폼에서의 사용자 행동을 분석하여 퍼널별로 어떤 플랫폼에서 성공하고 실패하는지 파악할 수 있다.

사용 방법

웹사이트나 모바일 앱에 추적 코드를 삽입하고, 분석하려고 하는 사용자 행동을 대시 보드에 정의하여 데이터 수집을 시작한다. 사용자 그룹의 행동 패턴을 비교하고, 이동 경로를 시각적으로 매핑하고 AI 인사이트 기능을 통해 추천이나 예측 결과를 확인할 수 있다.

활용 팁

'충성 사용자'와 '이탈 사용자'의 패턴을 분석하면 재방문율을 올릴 수 있는 인사이트를 발견할 수 있다. 사용자 여정 매핑으로 이탈률이 높은 구간을 분석하여 병목 현상의 원인을 구체화할 수 있다. 신규 기능 업데이트가 있을 때, A/B 테스트를 통해 비즈니스 효과를 측정할 수 있다.

참고문헌

ByteBridge(2025.1.13). Spotify's Transformative Impact on the Music Industry and Its Innovative Revenue Model. *Medium.* https://bytebridge.medium.com/spotifys-transformative-impact-on-the-music-industry-and-its-innovative-revenue-model-b11d6b5110fd

Ellis, S., & Brown, M.(2017). *Hacking Growth: How Today's Fastest-Growing Companies Drive Breakout Success.* Crown Currency. 이영구·이영래 옮김 (2017). 《진화된 마케팅 그로스 해킹: 프로세스와 실행 전략 바이블》. 골든어페어.

HoloBase(2021.11.4). The user growth logic of Facebook in the early days. *Medium.* https://medium.com/@holobase/the-user-growth-logic-of-facebook-in-the-early-days-6671b5c6b6e1

Lee, H., et al.(2021). The Empirical Research on the User Satisfaction of Mobile Grocery Shopping Customer Journey. *Journal of Information Technology Applications and Management, 28*(4), 59–78.

Luckerson, V.(2015.12.1). Here's the Story Behind Spotify's Coolest Feature. *Time.* https://time.com/4131520/

Renascence(2024.9.4). How Spotify Delivers a Unique Customer Experience (CX) with Personalized Music Recommendations. *Renascence.* https://www.renascence.io/journal/how-spotify-delivers-a-unique-customer-experience-cx-with-personalized-music-recommendations

08
스케일 업, 성장의 엔진을 달아라

이제 스케일 업 단계에서는 바이럴 루프, 개인화, 네트워크 효과라는 세 가지 전략이 필요하다. 바이럴 루프는 자연스러운 확산을, 개인화는 맞춤 경험을, 네트워크 효과는 사용자 간 가치 공유를 만들어 낸다. 이 전략들이 유기적으로 연결되어 제품 주도 성장을 이끈다.

AI와 한의학?

검증된 제품, 확장의 도전

“초기 사용자는 우리 제품에 열광하는데, 왜 더 이상 성장하지 않는 걸까?” PMF(Product-Market Fit, 제품-시장 적합성)를 확인한 많은 창업자가 성장이 지속되지 않는 어려움에 부딪히곤 한다. 데이터는 초기 성공을 선명하게 보여 주지만, 그 성공을 거대 시장으로 확장하는 방법을 찾기 어렵다. 소수의 사용자층에게 통했던 방식이 더 넓은 시장에서는 통하지 않는 것이다. 이제 새로운 전략을 모색해야 할 시점이다.

이때 창업자가 주로 선택하는 방법은 마케팅 예산을 늘리고 영업 조직을 확대하는 것이다. 하지만 광고 효율이 떨어지고 CAC(Customer Acquisition Cost, 고객 획득 비용)가 높아지는 현실적 한계에 부딪힌다. 이는 성장 전략의 초점을 외부 마케팅에서 제품 자체로 옮겨야 한다는 신호로 볼 수 있다. 이 장에서는 제품 자체를 성장 엔진으로 삼아, 사용자를 스스로 끌어들이고 계속 사용하게 하며, 사용자 간의 상호 작용으로 가치를 키워 나가는 방법을 살펴본다.

바이럴 루프, 제품에 내장된 성장 엔진

바이럴 루프(Viral Loop)는 제품에 내장된 초대, 공유,

협업 기능을 통해 기존 사용자가 새로운 사용자를 유입시키는 선순환 구조를 말한다. 이는 사용자의 자연스러운 행동을 통해 제품의 성장이 저절로 이루어지는 시스템을 설계하는 과정이다. 공유하는 행동이 제품의 핵심 가치와 자연스럽게 연결되도록 해야 한다. 협업을 위해 팀원을 초대하거나 결제 앱으로 친구에게 송금하는 것처럼, 사용자가 공유해야 할 명확한 이유를 만들어 주는 것이다.

제품의 가치를 공유할 명분이 생겼다면, 이제 그 과정이 막힘없이 이루어져야 한다. 사용자로부터 초대받은 친구가 회원 가입을 마칠 때까지, 어렵거나 이해하기 어려운 절차가 없는지 꼼꼼히 점검하고 개선해야 한다. 초대된 사용자가 제품을 처음 만나는 순간도 중요하다. 가입하자마자 '아, 이거 정말 좋네!'라는 감탄이 나올 수 있도록 첫 경험을 세심하게 연출해야 한다. 회원 가입 전 중요한 기능의 프리뷰나 데모를 제공하거나, 초대한 친구의 활동을 보여 주며 제품을 경험하게 하는 것도 좋은 방법이다. 제품의 가치를 담은 공유 과정이 막힘없이 전달되고, 이것이 새로운 사용자에게 인상적인 첫 경험으로 이어질 때, 바이럴 루프라는 성장 엔진이 제대로 작동하기 시작한다.

이렇게 설계된 성장 엔진이 얼마나 강력한 힘을 내는지 확인하는 방법 중 하나는 바로 바이럴 계수(K-factor)다. 이는 기존 사용자 한 명이 평균적으로 보내는 초대 횟수에 그 초대를 받은 사람이 실제로 가입하는 전환율을 곱한 값이다. 일반적으로 이 수치가 1을 넘는다면, 제품이 스스로 성장하는 단계에 진입했음을 의미한다.

이 수치를 개선하려면 데이터 기반으로 접근해야 한다. 예컨대 초대 메시지의 문구나 보상 체계, 공유 버튼 디자인 등 전환율에 영향을 미치는 다양한 변수를 놓고 A/B 테스트를 진행해야 한다. 최근에는 재스퍼(Jasper) 같은 AI 마케팅 도구를 활용해 목표 고객의 흥미를 유발할 만한 초대 메시지 초안을 생성하고, 여러 버전을 실제 사용자 그룹에 노출시켜 테스트하는 방식이 널리 활용된다. 데이터 기반으로 적합한 메시지를 찾아내면 바이럴 계수를 효과적으로 개선할 수 있다.

대표적으로 피그마(Figma)는 제품이 스스로 성장을 이끄는 훌륭한 사례다. 2016년 이전까지 디자인 협업은 파일을 저장해 이메일로 주고받는 방식이 일반적이었다. 하지만 매번 파일을 다운로드해야 했고, 여러 명이 동시에 작업하면 버전이 맞지 않거나 충돌이 빈번하게 발생해 비효율적이었다.

피그마는 이러한 불편함을 해결하기 위해 협업(Multiplayer) 기능을 새롭게 출시했다. 웹 브라우저만 있으면 누구나 링크 하나로 함께 작업할 수 있게 만들었다. 디자이너가 개발자나 제품 관리자(PM)에게 링크를 보내면, 이들 역시 프로그램 설치 없이 바로 디자인을 확인하고 피드백을 남기거나 공동 작업에 참여할 수 있었다. 이 새로운 방식은 큰 호응을 얻어 자연스럽게 바이럴 효과로 이어졌다. 링크 하나로 누구든 디자인 과정에 쉽게 참여하며 피그마를 경험할 수 있게 되었다. 그 결과, 피그마는 디자이너의 도구에서 사용자의 약 3분의 2가 비디자이너로 구성될 만큼 팀 전체의 협업 도구로 활용 범위를 확장하였다.

이처럼 바이럴 루프는 사용자의 자발적 공유에 기댄 행운만으로 만들어지지 않는다. 제품의 핵심 가치부터 첫 경험 설계, 데이터 기반 최적화까지 모든 과정이 정교하게 맞물려야 제대로 작동한다. 이렇게 구축된 바이럴 루프는 경쟁사가 쉽게 모방할 수 없는 전략적 자산이 되어 지속가능한 성장을 이끈다.

개인화 전략이 구현하는 맞춤형 경험

바이럴 루프가 새로운 사용자를 문 앞으로 데려오는 '초대장'이라면, 이제는 문을 열고 들어온 손님을 감동시켜 단골로 만들어야 할 차례다. 여기서는 개인화가 중요한 역할을 한다. 사용자 기반이 넓고 다양해질수록, 획일적인 접근은 효과를 보기 어렵다.

과거에는 사용자 데이터 기반 추천에 초점을 맞췄다면, 이제는 여기서 한발 더 나아가야 한다. 사용자의 상황과 숨은 의도까지 파악해 더욱 정교한 맞춤형 경험을 제공하는 데 집중한다. 이러한 경험을 통해 사용자가 제품으로부터 존중받고 있다고 느끼게 만들고, 정서적 유대를 형성하는 것을 목표로 한다.

언어 학습 앱 '듀오링고(Duolingo)'는 개인화의 좋은 예다. 듀오링고는 '좋은 교사는 자료를 잘 아는 사람이지만, 훌륭한 교사는 학생이 무엇을 알고 있는지 파악하여 다음에 배워야 할 것을 정확히 가르치는 사람'이라는 철학을 바탕으로 2020년 AI 시스템 '버드브레인(BirdBrain)'을 도입했다. 버드브레인은 매일 5억 개 이상의 연습 문제를 분석해 각 사용자의 숙련도와 학습 패턴을 파악한다. 과거 데이터뿐만 아니라 사용자가 어떤 문제에서 막히는지, 언제 학습 의욕이 떨어지는지까지 읽어 내어 개별 맞춤 수업을 실시간으로 제공한다.

듀오링고는 A/B 테스트를 통해 개인화 접근이 학습자

의 학습량을 꾸준히 늘린다는 점을 확인했다. 2020년 3월 시작된 개인화 서비스는 불과 7개월 만에 전체 수업의 20% 이상을 개인화하는 성과를 이루었다. 여기에 친구를 응원하는 '쿠도스(Kudos)' 기능과 '리더 보드'를 통한 건전한 경쟁 요소를 더했다. 학습자가 획일적 교육의 대상이 아닌, 개별적으로 존중받는 개인으로 느끼게 만들었다. 이를 통해 사용자의 학습량이 늘고 매일 꾸준히 학습하는 습관이 형성되었다. 이미 아는 내용은 건너뛰고 어려운 부분에 집중할 수 있게 되면서 학습 효율 또한 크게 높아졌다.

이처럼 개인화는 바이럴 루프로 유입된 방문객을 단골, 나아가 열성적인 팬으로 만드는 전략이다. 사용자를 숫자가 아닌 한 명의 인격체로 존중하고, 숨은 의도까지 헤아리는 섬세한 경험을 제공할 때, 제품과 사용자 사이의 유대는 깊어지고 지속가능한 성장을 이룰 수 있다.

네트워크 효과가 만드는 사용자 가치

바이럴 루프로 사용자를 모으고 개인화로 만족도를 높였다면, 마지막으로 중요한 것은 사용자와 사용자를 서로 연결하는 것이다. 사용자가 제품을 떠나지 못하는 이유를 제품 자체의 매력은 물론, 그 안에서 형성된 다른 사용자와의 관계와 소속감에서 찾게 만드는 것이다. 여기서 네트워크 효과(Network Effects)가 작동한다. 네트워크 효과의 원리는 사용자가 늘어날수록 제품의 가치가 기하급수적으로 커지는 데 있다. 메신저에 대화할 친구가 많아질수록, 배달 앱에 주문할 식당이 늘어날수록 그 서비스가 더욱 매력적인 선택지가 되는 것을 보면 쉽게 이해될 수 있다.

사용자 간 연결의 시작점을 찾고 관계 형성을 지원하는 데 AI 도구를 활용할 수 있다. 러닝 커뮤니티 앱을 예로 들어 보자. 먼저 기존 고객의 피드백과 사용 패턴을 챗GPT(ChatGPT)에 입력한다. "이 고객의 공통 관심사를 찾고, 관심사별로 분류해 줘"라고 요청하면 새벽 러닝 선호 그룹, 마라톤 준비 중인 그룹, 초보 러너 그룹 등으로 고객층을 분류할 수 있다. 이런 분류 작업을 통해 수천 명의 사용자 데이터도 짧은 시간에 처리할 수 있다.

그룹 간 자연스러운 상호 작용을 유도하려면 재스퍼(Jasper) 같은 AI 도구에 실시간 데이터를 연결한다. "같은 코스를 뛰는 러너에게 실시간 페이스 알림과 함께 격려 메시지를 생성해 줘. 현재 A 러너의 페이스는 5분 30초, B 러너는 6분 10초야"와 같은 프롬프트가 자동으로 실행되도록 설정하면, 사용자가 러닝을 할 때마다 개별 맞춤 상호 작용을 생성할 수 있다. 사용자가 실시간으로 서로를 의식하며 활동하기 시작하면, 서클(Circle)이나 마이티 네트워크(Mighty Networks) 같은 전문 플랫폼을 활용해 더욱 체계적인 네트워크를 구축한다. 이들 플랫폼은 사용자가 어떤 활동을 하고 얼마나 성과를 냈는지에 따라 자동으로 비슷한 사람을 엮어 주고 순위를 보여 주는 리더 보드를 업데이트한다. 또 알고리즘이 비슷한 성향의 사용자를 계속해서 추천하고 연결해 준다.

네트워크 효과는 사용자가 다른 사용자에게 가치가 되어주는 생태계를 구축하는 전략이다. 생태계가 단단하게 자리 잡으면, 제품은 기존 사용자에게는 떠날 수 없는 소속감을, 새로운 사용자에게는 참여할 수밖에 없는 매력을 제공한다. 사람과 사람 사이에 오가는 신뢰와 가치 공유는 누구도 쉽게 모방할 수 없는 강력한 경쟁 우위를 만든다. 네트워크 효과가 제대로 작동하는 제품은 사용자가 스스로 제품의 홍보 대사가 되어 새로운 사용자를 끌어들이는 선순환을 만든다.

성장이라는 동전의 양면

바이럴 루프, 개인화, 네트워크 효과는 제품을 성장 엔진으로 변화시키는 세 가지 전략이다. 바이럴 루프는 사용자를 끌어들이고, 개인화는 계속 사용하게 하며, 네트워크 효과는 떠나지 못하게 만든다. 이 세 전략이 제대로 작동하면 마케팅 예산에 의존하지 않고도 지속적인 성장을 이룰 수 있다. 그런데 성장이 가속화되면서 예상치 못한 도전이 찾아온다.

그러나 성장의 이면에는 필연적으로 운영상의 복잡함이 따라붙는다. 급증하는 고객 문의, 시스템 장애, 반복되는 운영 이슈가 발목을 잡기 시작한다. 성장 속도를 높이려면 이런 운영상의 병목 지점을 해결해야만 한다. 이때 필요한 것이 바로 효율적인 운영 시스템이다. 다음 장에서는 AI를 활용해 운영 효율성을 높이는 린 운영 시스템을 구축하는 방법에 대해 살펴본다.

[실전 AI 툴 키트] 재스퍼

재스퍼(Jasper AI, https://jasper.ai)는 마케팅 콘텐츠 제작에 특화된 AI 라이팅 도구로서, 제품 설명부터 블로그 포스트까지 고품질 콘텐츠를 빠르게 생성할 수 있는 자동화 플랫폼이다.

주요 기능

- 템플릿(Template) 라이브러리: 블로그 포스트, 소셜

미디어 콘텐츠, 광고 카피 등 템플릿을 제공하여 다양한 채널에 필요한 콘텐츠를 생성할 수 있다.

- 톤 설정: 전문적, 친근한, 설득력 있는 등 브랜드 성격에 맞는 다양하게 톤을 조정할 수 있으며 브랜드 메시지의 일관성을 유지할 수 있다.
- 다국어 지원: 영어 외에도 한국어, 일본어 등으로 콘텐츠를 생성할 수 있어 여러 국가의 사용자 대상으로 문구를 작성할 수 있다.
- 팀 협업 기능: 동시에 내용을 편집하고 피드백을 주고받는 기능을 지원해 워크 플로를 간소화할 수 있다.
- 검색 엔진 최적화(SEO, Search Engine Optimization): 메타 타이틀/설명, 키워드 활용 등 기본적인 SEO 요소를 자동으로 생성할 수 있다.

사용 방법

대시 보드에서 제공되는 템플릿 중 선택하거나 프롬프트를 입력하여 AI에게 콘텐츠 초안 생성을 요청한다. 생성된 콘텐츠는 톤 설정 기능으로 브랜드 목소리에 맞게 조절하여 기존 콘텐츠와의 일관성을 확보할 수 있다. 협업 기능을 통해 팀원과 콘텐츠를 공유 및 편집하며 최종 결과물을 관리한다.

활용 팁

제품 설명이나 고객 페르소나와 같은 정보를 AI에 먼저 입력해 두면 콘텐츠의 일관성과 품질이 크게 향상된다. 또한 '리라이트(Rewrite, 재서술)' 기능을 활용하면 동일한 내용을 다양한 형식으로 변환하여 채널에 맞게 최적화할 수 있다. 민감한 콘텐츠를 제작할 경우 AI가 초안을 제안해도 최종 검토는 사용자가 해야 한다.

참고문헌

Bicknell, K., & Brust, C.(2020. 10. 7). Learning how to help you learn: Introducing Birdbrain!. Duolingo Blog. https://blog.duolingo.com/learning-how-to-help-you-learn-introducing-birdbrain/

Chen, A.(2021). *The Cold Start Problem: How to Start and Scale Network Effects*. Harper Business. 홍경탁 옮김 (2023). 《콜드 스타트: 기업 가치를 결정짓는 네트워크의 과학》. 알에이치코리아.

Crook, J.(2021. 10. 19). Figma continues expansion beyond design with updates to FigJam whiteboard tool. TechCrunch. https://techcrunch.com/2021/10/19/figma-continues-expansion-beyond-design-with-updates-to-figjam-white-board-tool/

Field, D. (2017. 5. 20). Reflecting on Figma's First Year. Figma Blog. https://www.figma.com/blog/reflecting-on-figmas-first-y

ear
Jasper. (2025). "The State of AI in Marketing 2025". Jasper Report.
https://www.jasper.ai/state-of-ai-marketing-2025
Penenberg, A. L. (2009). *Viral Loop: From Facebook to Twitter, How Today's Smartest Businesses Grow Themselves*. Hyperion. 손유진 옮김 (2010). 《바이럴 루프: 터퍼웨어, 핫메일, 이베이, 페이스북은 어떻게 소비자를 마케터로 만들었는가!》. 틔움출판.
von Ahn, L. (2022. 6. 13.). 10 innovations that transformed education. Duolingo Blog.
https://blog.duolingo.com/duolingo-technology-innovations/
Wallace, E. (2019. 10. 16.). How Figma's multiplayer technology works. Figma Blog.
https://www.figma.com/blog/how-figmas-multiplayer-technology-works/

09
린 운영으로 효율성 극대화하기

스타트업은 한정된 자원으로도 AI를 통해 운영 효율을 크게 높일 수 있다. 반복 업무 자동화, 24시간 고객 지원, 데이터 기반 운영 인텔리전스 등을 통해 린(Lean) 운영을 구현할 수 있다. 이렇게 구축한 시스템은 지속가능한 성장을 위한 중요한 기반이 된다.

AI와 화장품?

린 운영과 AI의 만남

“우리 팀은 온종일 바쁜데, 왜 중요한 일은 앞으로 나아가지 못할까?” 사업 규모가 커질수록 조직은 딜레마에 빠진다. 끝없는 이메일 확인, 데이터 입력, 단순 문의 응대처럼 꼭 필요하지만 부가 가치가 낮은 반복 업무에 팀의 역량이 묶이면서, 정작 제품 개발이나 사업 성장에 필요한 에너지가 고갈되기 때문이다. 더 많은 자원을 투입하거나 근무 시간을 늘려도 효율이 떨어지는 구조적 문제는 해결되지 않는다. 이는 더 많은 인력을 투입하거나 더 오래 일하는 것만으로는 해결되지 않는 근본적 문제다.

린(Lean) 운영은 제한된 자원을 최대 가치 창출 활동에 집중하는 접근법으로, 불필요한 낭비를 제거하고 중요 업무에 집중할 수 있게 돕는다. 과거에는 리더십과 조직 문화에 의존하는 추상적인 개념에 가까웠지만, AI 기술의 발전으로 구체적이고 측정 가능한 실행 체계로 발전했다. 이 장에서는 반복 업무 자동화, 24시간 고객 지원, 데이터 기반 운영 인텔리전스를 통해 조직의 운영 효율을 높이는 방법에 대해 살펴본다.

반복 업무 자동화

린 운영을 구현할 때, 가장 좋은 출발점은 빈번하게 발생하지만 부가 가치가 낮은 업무다. 매일 수십 통씩 쏟아지는 고객 문의를 담당자에게 전달하는 일을 생각해 볼 수 있다. 키워드만 보면 누가 처리해야 할지 명확하지만, 매번 이메일을 열어 내용을 확인하고 해당 팀으로 배정하는 데 하루 1~2시간이 금세 소요된다.

자동화 시스템 구축은 기본적인 업무 패턴을 정하는 것부터 시작한다. '환불'은 고객지원팀, '기술 문의'는 개발팀이 담당하는 식이다. 자피어(Zapier)나 메이크(Make) 같은 도구로 '새 이메일 도착'을 신호로 설정하고, 여기에 챗GPT(ChatGPT)나 제미나이(Gemini)를 연결하면 분류 방식이 완전히 달라진다. AI는 "제품이 마음에 들지 않으니 돈을 돌려받고 싶어요"처럼 돌려 말하는 문장도 정확히 이해한다. 단어만으로 분류했던 과거 방식과 달리, AI는 문맥을 읽고 숨은 의도와 감정까지 파악한다.

이러한 맥락 이해 능력은 업무 효율을 크게 높인다. "고객 문의의 긴급도를 평가하고, 어느 팀이 처리해야 할지 판단해 줘"라고 요청하면, AI는 "결제가 안 되는데, 내일 출장 가야 해서 해결이 급해요"라는 문장에서 긴급 상황을 파악해 우선 처리가 필요하다는 알림을 보낸다. 나아가 맞춤형 답변 초안까지 생성할 수 있다. "출장 일정을 고려해 우선 처리해 드리겠습니다"처럼 고객 상황에 맞는 답변을 만들어 해당 직원에게 제공한다.

업무 효율화가 회사의 생존 가치와 직결되는 사례도 있다. 부동산 중개 플랫폼 직방을 살펴보자. 창업 초기부터 직방의 최우선 과제는 부동산 시장의 '불신'을 해결하고 '신뢰'를 쌓는 것이었다. 전담 인력을 두고 허위 매물을 검증했지만, 사업이 빠르게 성장하며 처리할 물량이 급증했다. 기존 방식만으로는 폭증하는 매물 속에서 허위 정보를 모두 걸러 내기 어려웠고, 이러한 핵심 가치가 위협받는 상황이었다.

직방은 2019년 '허위매물아웃연구소'라는 전담 조직을 신설했다. 그동안 축적한 방대한 데이터를 AI로 학습시켜 허위 매물의 패턴을 예측하고, 발생 자체를 미리 차단하는 시스템을 구축했다. 그 결과 시스템 도입 후 5개월 만에 매물 신뢰도는 약 83.3%에서 93.8%로 상승했고, 허위 매물 비율은 약 16.7%에서 6.2%로 감소했다. 이러한 데이터 품질 개선은 사용자 신뢰를 회복하고 시장에서의 입지를 강화하는 데 큰 도움이 되었다.

업무 자동화가 성공하려면 어떤 일에 기술을 적용할

지 제대로 선택해야 한다. 빈도가 높고 부가 가치가 낮은 업무부터 시작하는 게 좋다. 반면 고객 상담처럼 빈도와 가치 모두 중요한 일은 접근 방식을 다르게 가져가야 한다. AI가 문의 유형을 먼저 분류하고, 깊이 있는 상담은 사람이 해결하는 방식이다.

스트레스를 받거나 기피하는 업무 또한 자동화 대상으로 적합하다. 실수가 잦고 모두가 미루고 싶어 하는 일을 기계가 대신 수행하면 조직 전체의 만족도가 높아진다. 결국 자동화는 어떤 업무에 적용할지 선택하는 전략적 결정이다. 부가 가치가 낮은 일을 덜어 내고, 사람이 더 중요한 일에 집중하도록 만들 때 회사의 경쟁력을 높인다.

24시간 고객 지원 강화

자동화를 통해 확보한 시간과 에너지를 사용자 경험 개선에 재투자하면 조직의 경쟁력을 한 단계 높일 수 있다. 특히 24시간 고객 지원은 인력이 제한된 스타트업에게 훌륭한 기회다. 경쟁 기업과 달리 언제든 고객을 도울 수 있다는 점에서 차별점을 만들 수 있다. "상담원 연결은 평일 오전 10시부터 오후 6시까지입니다"라는 익숙한 안내에 이제는 의문을 던질 때다.

기존 지원 체계는 여러 제약에 묶여 있다. 정해진 근무 시간 안에서만 운영되고, 문의가 몰리면 대기 시간이 길어진다. 상담원마다 응대 품질이 다른 점도 문제다. 결국 고객이 가장 도움이 필요한 순간에 지원을 받지 못하는 일이 생긴다. 하지만 AI 에이전트는 시간과 인력의 제약에서 자유롭다. 24시간 언제든 문의에 답할 수 있고, 일관된 품질의 서비스를 제공한다. 이를 통해 고객이 문제를 해결하지 못해 떠나는 일을 줄일 수 있다.

고객 지원 시스템을 구축할 때는 '파레토 법칙'을 적용하는 게 좋다. 전체 문의의 80%를 차지하는 빈번한 질문에 대한 명확한 답변을 체계적으로 정리하면 대부분의 문제를 해결할 수 있다. 데이터베이스를 연동하면 'A님의 주문은 현재 배송 중입니다'처럼 개인화된 응답도 생성할 수 있다. 여기에 AI 에이전트를 추가하면 정해진 답변을 반복하는 데 그치지 않고, 대화의 맥락을 이해하고 필요시 주문 조회나 반품 처리 같은 실질적인 업무 처리까지 할 수 있다. "배송이 늦어지고 있는데 언제 받을 수 있나요?"라는 질문에 "배송 조회를 해 드리겠습니다"가 아니라, "지연 사유를 확인해 정확한 배송 예정일을 알려 드리고, 불편을 드린 점에 대한 보상 방안도 함께 안내해 드리겠습니다"와 같이 답변할 수 있다.

AI 에이전트가 아무리 뛰어나도 신뢰를 얻으려면 몇 가지 원칙을 지켜야 한다. 먼저 AI와 대화 중임을 투명하게 알려야 한다. 또한, 원할 때 언제든 실제 상담원과 연결될 수 있는 선택지를 제공해야 한다. AI가 해결하지 못한 문제를 상담원에게 넘길 때는 지금까지의 대화 내용을 함께 전달해, 같은 설명을 반복하는 불편함을 줄여야 한다. 데이터 보안과 오류 처리 같은 기술적 측면까지 고려되어야 한다.

데이터 기반 운영 인텔리전스

24시간 고객 지원 시스템으로 데이터를 수집하면, 이를 분석하여 조직의 다음 전략을 결정할 수 있다. 모든 의견에 대응하기에는 시간과 자원에 제한이 있기 때문에 어떤 것에 집중하고 미룰지를 선택하는 과제가 남는다. 이때 데이터 기반 운영 인텔리전스가 여기에 대한 답을 찾는 데 유용하게 활용된다. 이때 도움이 되는 것이 월간 활성 사용자 수(MAU), 전환율, 순추천지수(NPS) 같은 지표다. 이러한 지표는 우리 노력이 고객에게 가치로 연결되는지 보여주는 '계기판'이자, 가야 할 길을 알려주는 '내비게이션'이며, 궁극적인 방향을 잃지 않게 하는 '북극성' 역할을 한다.

MAU(Monthly Active User, 월간 활성 사용자 수), 전환율(Conversion Rate), NPS(Net Promoter Score, 순추천지수) 같은 지표는 비즈니스의 현재 상태를 보여 주고 방향을 제시한다. 하지만 지표만으로는 부족하다. 숫자 뒤에 있는 고객의 실제 니즈와 행동 패턴을 파악해야 통찰을 얻을 수 있다. MAU가 증가했다고 해서 무조건 좋은 것은 아니다. 신규 가입자는 늘어나지만 기존 고객의 활동이 줄어들고 있다면, 제품의 지속가능성을 재고해야 한다. 지표는 깊이 있는 분석과 꾸준한 운영이 함께 할 때 실질적인 개선으로 이어진다.

데일리 대시 보드를 구축해 매일 아침 비즈니스의 건강 상태를 확인하고, 주요 지표에 이상 신호가 발생하면 즉시 알림을 받도록 설정한다. AI를 활용하면 사람이 미처 파악하지 못한 패턴을 스스로 발견해 제안하기도 한다. 믹스패널(Mixpanel)이나 앰플리튜드(Amplitude) 같은 AI 분석 도구는 수백만 명의 고객 행동 데이터 속에서 특별한 상관관계를 찾아낸다. 예를 들어 '특정 기능을 첫날 사용한 사용자 그룹이 다른 그룹보다 이탈률이 30% 낮다'는 발견은 신규 가입자에게 어떤 기능을 먼저 보여 줄지 전략을 결정하는 데 활용될 수 있다.

콘텐츠 구독 서비스 롱블랙(Longblack)은 린 운영 전략이 어떻게 시장의 통념을 뒤집을 수 있는지 잘 보여 준다. 2021년, 대부분의 플랫폼이 '무제한 콘텐츠'를 내세우며 양적 경쟁을 벌일 때 롱블랙은 정반대의 길을 택했다. 롱블랙은 이런 문제를 파악했다. 너무 많은 선택지 앞에서 독자가 피로감을 느끼고 결국 아무것도 읽지 않는다는 점이었다. 이 서비스는 '하루 단 하나의 글'이라는 극단적인 제약을 통해 읽히지 않는 콘텐츠를 아예 만들지 않는다. '긴박감과 희소성이 꾸준한 독서 습관을 만들 것'이라는 핵심 가설을 바탕으로 매일 하나의 글에만 역량을 투입하는 전략을 선택했다.

롱블랙은 출시 약 1년 반 만에 월간 활성 사용자 수 20만 명, 콘텐츠 완독률 80% 이상이라는 성과를 보였다. 멤버십 회원의 60%가 충성 고객이 되었다. 자원을 핵심 가치에 몰두한 결과다. 비즈니스 성과뿐 아니라 사용자의 높은 만족도와 독서 습관 형성까지 이뤄 냈다.

이러한 접근법은 리더의 직감을 대체하지 않는다. 대신 직감을 보완하고 강화하는 역할을 한다. 데이터는 결정의 근거를 더 단단하게 만들고, 가설을 검증하며, 나아갈 방향에 확신을 준다. 조직은 한정된 자원이라는 제약 속에서도 가치 있는 활동에 주력할 수 있다.

린 운영의 통합 효과

반복 업무 자동화, 24시간 고객 지원, 데이터 기반 운영 인텔리전스는 각기 다른 목표를 가진 것처럼 보인다. 하지만 린 운영의 이 요소가 서로 맞물려 작동할 때 시너지를 낸다. 반복 업무 자동화로 확보한 자원을 고객 지원에 투입하고, 거기서 얻은 데이터를 다시 의사 결정에 활용해 제품과 서비스를 개선하는 유기적인 선순환 구조를 만드는 것이다. 각 요소가 서로 긴밀하게 연결되어 작동할 때, 조직 전체의 일하는 방식과 문화가 바뀐다.

내부 운영의 최적화는 외부 성장을 위한 중요한 기반이다. 빠른 성장을 추구하기 전에 그 성장을 뒷받침할 운영 체계를 먼저 확보해야 한다. 이 둘이 균형을 이룰 때, 기업은 한정된 자원의 한계를 넘어 지속적인 성장 궤도에 오를 수 있다. 다음 장에서는 이 운영 체계를 수익 모델과 결합하여 지속가능한 전략을 구축하는 방법에 대해 살펴본다.

[실전 AI 툴 키트] 재피어

재피어(Zapier, https://zapier.com)는 코딩 없이 다양한 앱과 서비스를 연결하는 자동화 도구로, 반복적인 업무 흐름을 효율화할 수 있는 노코드 통합 플랫폼이다.

주요 기능

- 다양한 앱 연동: 구글 시트(Google Sheets), 슬랙(Slack), 트렐로(Trello) 등의 8,000개의 앱과 연결하여 기업에서 사용하는 도구를 통합할 수 있다.
- 트리거(Trigger)와 액션: 특정 이벤트(트리거)가 발생하면 자동으로 정해진 작업(액션)을 수행하는 방식으로, 복잡한 비즈니스 프로세스를 단순화할 수 있다.
- 멀티 스텝 자동화: 여러 단계의 복잡한 워크 플로로 구축할 수 있어 여러 앱을 거치는 업무 흐름을 원활하게 자동화할 수 있다.
- 필터와 조건: 특정 조건에 맞는 경우에만 자동화가 실행되도록 설정할 수 있어 정교한 업무 규칙을 구현할 수 있다.
- 템플릿 활용: 미리 만들어진 인기 자동화 템플릿으로 빠르게 시작할 수 있어 기술적 배경이 없는 사용자도 쉽게 도입할 수 있다.

사용 방법

'트리거(시작점)'와 '액션(수행할 작업)'을 단계별로 선택하고 설정하여 자동화 규칙(Zap)을 생성한다. 멀티 스텝 자동화 기능을 통해 여러 앱과 액션을 순차적으로 연결하는 워크 플로를 만들 수 있다. 미리 만들어진 템플릿을 활용하여 코딩 없이도 업무 자동화를 시작할 수 있다.

활용 팁

반복적이고 시간을 많이 소비하는 1~2개 업무부터 자동화를 시작해 ROI를 빠르게 확인하는 것이 효과적이다. 다양한 앱 연동 기능을 활용하여 마케팅, 영업, 고객 지원 등 부서 간 데이터 흐름을 단일화하고 자동으로 연결하여 활용할 수 있다. 또한 팀 내 워크 플로를 분석하여 수작업이 많이 필요한 부분을 찾아 자동화하면 시간과 비용을 절약할 수 있다.

참고문헌

금준경(2022.1.31). [구독 전략 릴레이 인터뷰 ①] 24시간 지나면 사라지는 콘텐츠, 돈 내고 구독하는 이유. 미디어오늘. https://www.mediatoday.co.kr/news/articleView.html?idxno=301950

김정필(2016.6.1). [Interview] '선직방', 이제 아파트도 넘본다: 부동산 중개 앱 신화 쓰는 안성우 '직방' 대표. 경제인사이트, http://www.economyinsight.co.kr/news/articleView.html?idxno=3186

유준상(2019.12.4). 직방 빅데이터, 허위매물 근절에 통했다…매물 신뢰도 83%에서 93%로↑. 이뉴스투데이, https://www.enewstoday.co.kr/news/articleView.html?idx

no=1353474
이덕주(2023.2.7). 지식 구독 서비스 롱블랙, 월 활성 사용자 20만명 돌파. 매일경제, https://www.mk.co.kr/news/it/10633786
최승영(2021.10.12). 월 4900원 '하루 한 개 콘텐츠'로 기획력 쑥쑥!. 기자협회보. https://www.journalist.or.kr/news/article.html?no=50281
Patel, L.(2020). *Lean AI: how innovative startups use artificial intelligence to grow*. 1st ed. Sebastopol, CA: O'Reilly Media. 박기석·최은정 옮김(2021). 《린 AI: 사용자 유치, 그로스 마케팅, 성장 전략 수립에 인공지능 활용하기》. 한빛미디어.
Wang, X., & Wu, L.(2024). Artificial Intelligence, lean startup method, and product innovations. *Management Science*, Forthcoming.
Womack, J. P., & Jones, D. T.(2003). *Lean thinking: banish waste and create wealth in your corporation*. Revised and Updated 2nd ed. New York: Free Press. 송한식 옮김(2006). 《린 싱킹: 낭비 없는 기업의 전략》. 바다출판사.

10
린 스타트업에서 지속가능한 기업으로

지속가능성을 위해서는 실패를 조직의 자산으로 전환하는 '학습하는 조직', 불확실성에 대응하는 '전략적 유연성', 그리고 이를 뒷받침하는 '안정적 수익 모델'이 필요하다. 이때 불확실성을 회피하지 않고 지속적으로 배우려는 의지가 중요하다. 이 세 요소가 선순환 구조를 만들 때 스타트업은 장기적으로 생존하고 진화할 수 있다.

종교와 AI?

왜 장기적인 생존 전략이 필요한가?

“분명 성장하고 있는데, 왜 우리는 여전히 불안할까?” 성장이라는 단어에 가려진 현실을 보여 준다. 기업의 확장은 성과를 입증하지만, 동시에 예상치 못한 취약성을 노출한다. 어제의 성공 공식은 더 이상 통하지 않게 되고, 급격한 성장은 오히려 조직을 더 큰 위험에 빠뜨린다. 빠르게 커진 조직은 내부 소통의 비효율로 몸살을 앓고, 시장의 스포트라이트는 강력한 경쟁자를 끌어들인다.

이러한 역설을 극복하고 지속가능성으로 나아가려면, 조직은 필요한 역량을 내재화해야 한다. 시장과 경쟁자의 움직임을 놓치지 않고 끊임없이 배우는 학습 능력과 그 배움을 바탕으로 방향을 전환할 수 있는 전략적 유연성이 필요하다. 그리고 이 모든 시도를 뒷받침하고 발전 과정에서 발생하는 운영 문제를 해결할 자원을 공급하는 안정적인 수익 모델이 반드시 동반되어야 한다. 이 세 가지 역량은 각각 고유한 영역을 담당하지만 서로 긴밀하게 연결된다. 이 장에서는 실패를 자산으로 삼는 조직 문화, 시나리오 기반 전략, 안정적인 수익 모델에 대해 살펴본다.

학습하는 조직 구축

지속가능한 성장을 위한 첫 번째 요소는 내부 역량 강화다. 배우고 발전하는 학습 조직을 구축하여 조직 문화와 프로세스를 개선해야 한다. 그 출발점은 실패를 대하는 태도를 바꾸는 데 있다. 이를 위해서는 먼저 실패를 두려워하지 않고 솔직하게 공유할 수 있는 '심리적 안정감'이 조직 문화 전반에 단단하게 자리 잡아야 한다. 이렇게 형성된 신뢰의 토양 위에서 비로소 개인의 머릿속에 갇혀 있던 실패 경험과 직관이라는 암묵지가 조직 전체가 공유하고 활용하는 형식지로 전환될 기회가 생긴다.

이러한 지식 전환을 위해 리니어(Linear)와 같은 프로젝트 관리 도구를 활용할 수 있다. 먼저 리니어 내에 '학습 기록'이나 '회고 일지'라는 전용 공간을 만든다. 그 안에 '가설', '실험 과정 및 결과', '얻은 교훈', '다음 실행 계획'이라는 네 항목으로 구성된 '회고 템플릿'을 미리 준비한다. 팀은 하나의 실험이 끝날 때마다 이 템플릿을 복제하여 새로운 회고 문서를 작성하고, 해당 문서를 관련 프로젝트나 특정 이슈에 직접 연결한다. 이를 통해 모든 팀원은 과거의 결정과 그 결과를 언제든 쉽게 찾아볼 수 있으며, 개인의 실패 경험이 팀 전체의 귀중한 자산으로 축적된다.

여기에는 실패를 용인하고 장려하는 리더십이 뒷받침되어야만 한다. 2014년 아마존이 출시한 파이어폰(Fire Phone)은 약 1억 7천만 달러의 손실을 냈다. 하지만 2016년 당시 CEO 제프 베이조스(Jeff Bezos)는 이 실패를 숨기지 않았다. 오히려 Day 1 정신을 유지하기 위해 실험과 실패를 받아들이는 것이 필요하다고 강조했다. 이후 아마존은 파이어폰 개발 과정에서 얻은 기술과 경험을 바탕으로 에코(Echo)와 알렉사(Alexa)를 탄생시켰다. 2024년 기준 에코는 미국 내 시장 점유율 60%를 차지하며 카테고리 리더로서 시장을 이끈다. 실패를 자산으로 삼는 리더의 태도는 팀원이 실수를 감추지 않고 솔직하게 공유하는 문화를 만들고, 이는 조직 전체의 학습능력으로 이어졌다.

학습하는 조직은 완벽함보다 빠른 실패와 배움을 통해 성장하며, 이를 다음 도전에 즉시 적용하는 곳이다. 변화하는 시장에서 살아남기 위해서는 오늘의 실수가 내일의 자산으로 이어지는 선순환 구조를 만들어야 한다. 이 과정을 체계로 내재화하는 것이 무엇보다 중요하다.

미래를 대비하는 전략적 유연성

학습을 통해 쌓인 내부 역량은 두 번째 요소인 외부 변화 대응 능력의 기반이 된다. 이는 예측 불가능한 시장 변화와 경쟁 환경에 유연하게 대응할 힘을 준다. AI 시대의 변화 속도는 더욱 빨라지고 있다. 시장에 뒤늦게 반응하는 것만으로는 더 이상 충분치 않다. 언제 어떤 변화가 닥칠지 모르므로, 여러 가지 가능성을 미리 상상하고 각각에 대한 대비책을 준비해야 한다.

이때 시나리오 계획법을 활용하면, 발생 가능한 여러 가지의 미래 모습을 그려 보고 각 상황에 대한 전략을 준비할 수 있다. 미래에 대한 획일적인 가정을 깨뜨리고 변화에 대한 대응력을 기르는 훈련 과정이 된다. 시나리오 계획법에는 대표적으로 두 가지 접근법이 있다. 하나는 '탐색적 시나리오'로, '강력한 경쟁사의 진입'이나 '예상치 못한 규제 발표'처럼 외부 환경 변화를 중심으로 '어떤 미래가 펼쳐질 수 있을까'를 탐구하는 방식이다. 다른 하나는 '규범적 시나리오'로, '5년 뒤 시장의 리더가 된다'와 같은 바람직한 목표를 먼저 설정하고, '그곳에 도달하기 위해 지금 무엇을 해야 하는가'를 역으로 추적하며 경로를 설계하는 방식이다.

노션(Notion)은 이러한 시나리오를 비즈니스에 민첩하게 적용한 훌륭한 사례다. '완전한 원격 근무 시대의 도래'라는 시나리오가 2020년 팬데믹으로 현실이 되었을 때, 노션은 원격 협업에 필요한 기능을 즉각적으로 강화했다. 다른 기업이 혼란 속에서 대응책을 찾고 있을 때, 노션은 알림 시스템과 실시간 동시 작업 기능을 선보이며 불확실한 위기를 가장 먼저 도약의 발판으로 삼았다.

이후에도 노션의 유연한 행보는 계속 이어졌다. '생성 AI가 업무의 표준이 되는 미래'라는 또 다른 거대한 시나리오가 등장하자, 노션은 기존의 로드맵에 얽매이지 않고 자원을 재배치했다. 그 결과 '노션 AI'를 경쟁사보다 한발 앞서 선보여 시장을 선점했으며, 사용자가 AI와 대화하며 데이터베이스를 자동으로 구축하는 등 실제 업무 과정에 기술을 깊이 통합했다.

최근 이들의 전략은 '업무용 OS'라는 시나리오를 향하는 중이다. 2024년 암호화된 이메일과 드라이브 서비스를 제공하던 스키프(Skiff)를 인수한 것이 대표적인 예다. 이는 이전에 인수한 캘린더 앱 크론(Cron)과 함께, 문서 작업을 넘어 이메일부터 일정 관리까지 모든 업무를 노션 생태계 안으로 통합하려는 전략적 행보를 보여준다.

전략적 유연성은 미래의 불확실성을 두려워하지 않고 오히려 기회로 받아들이는 것에서 시작된다. 여러 가능성을 상상하고 대비하는 과정에서 대응 능력을 기를 수 있다. 예상치 못한 기회가 나타났을 때 과감히 자원을 재배치할 수 있고, 위기 상황에서도 누구보다 먼저 새로운 방향을 제시하는 유연한 대응이 지속가능한 성장으로 이끈다.

안정적인 수익 모델 설계

내부 역량 강화와 외부 변화 대응만으로는 충분하지 않다. 세 번째 요소인 재무적 지속성이 뒷받침되어야 한다. 이러한 모든 활동을 지속할 수 있는 안정적인 매출 구조와 운영 효율성이 없다면 장기적으로 기업을 유지하는 것이 어렵다. 지속가능한 성장의 마지막 요소는 실패를 용납하고 새로운 도전을 가능하게 하는 재무적 기반을 설계하는 것이다.

여기에 더해 '단위 경제(Unit Economics)'가 건전한지 확인해야 한다. 고객 한 명을 유치하는 비용(CAC)보다 그 고객이 평생에 걸쳐 회사에 가져다주는 가치(LTV)가 더 커야 한다. 일반적으로 LTV가 CAC의 3배 이상일 때 지속가능한 모델로 평가받는다. 아무리 매출이 높아도 고객을 유치하는 비용이 더 크다면 성장은 오히려 독이 된다. 높은 LTV는 제품이 고객에게 실질적인 가치를 계속 제공하고 있다는 신호다.

수익 모델을 설계하고 최적화하는 과정에서 AI 기술이 제공하는 분석의 정교함은 과거와는 비교할 수 없을 만큼 발전했다. 출발점은 리더가 던지는 구체적인 비즈니스 질문이다. '고객 중 평생 가치(LTV)가 높을 것으로 예상되는 그룹의 공통적인 초기 행동 패턴은 무엇인가?', '어떤 기능을 사용해 본 사용자가 유료 구독으로 전환할 확률이 높은가?', 혹은 '앞으로 2주 안에 이탈할 가능성이 높은 사용자는 누구인가?'와 같이 질문할 수 있다.

AI 분석 도구는 수집된 사용자 행동 데이터 속에서 숨겨진 패턴을 발견하고 미래를 예측하기도 한다. 그러나 예측보다 중요한 건 통찰을 실제 행동으로 옮기는 일이다. 예를 들어 이탈 가능성이 높은 사용자를 미리 감지했다면, 문제가 발생하기 전에 맞춤형 제안이나 지원을 통해 선제적으로 개입할 수 있다. 이러한 데이터 기반 접근은 자원 배분을 최적화하고 고객별 맞춤 전략을 가능하게 만들고, 고객 유지율을 높여 수익 모델의 안정성을 강화한다.

데이터 분석에서 시작해 이탈 예측을 거쳐 선제적 개

입으로 이어지는 자동화된 시스템은 인력 투입을 최소화하면서도 고객 유지율을 높이고 수익 모델의 안정성을 강화한다. 견고한 수익 모델은 회사의 생존과 진화를 위한 '연료' 역할을 한다. 실패를 자산 삼는 배움의 문화도, 변화에 올라타는 전략적 유연성도 든든한 재무 기반이 있을 때 비로소 시도할 수 있는 활동이기 때문이다.

가치 중심의 성장 원칙

지금까지 지속가능한 성장을 위한 세 가지 요소를 살펴보았다. 내부 역량 강화로서의 학습하는 조직은 실패를 두려워하지 않고 지속적으로 발전하는 문화적 기반을 다진다. 외부 변화 대응으로서의 전략적 유연성은 예측 불가능한 시장 변화에 신속하게 적응할 수 있는 역량을 갖추게 한다. 마지막으로 재무적 지속성으로서의 안정적 수익 모델은 이 모든 활동을 뒷받침하는 경제적 안정성을 제공하는 기반이다.

이 모든 과정의 바탕에는 '가설-실험-학습'으로 이어지는 린 스타트업의 순환 원리가 자리 잡는다. AI 기술과 도구는 이 순환의 속도를 크게 높인다. 데이터 분석으로 더 정확한 가설을 세우게 돕고, 자동화로 실험 비용을 낮추며, 그 결과를 통해 더 빠른 학습을 가능하게 한다. 하지만 기술 자체가 답은 아니다. 중요한 것은 불확실성을 회피하지 않고 지속적으로 시도하고 배우려는 조직의 의지다. 오늘의 작은 실험과 학습이 내일의 더 나은 결과로 이어지는 선순환을 만드는 것, 이것이 AI시대에 지속 가능한 성장을 만드는 중요한 요소다.

[실전 AI 툴 키트] 리니어

리니어(Linear, https://linear.app)는 제품 개발과 작업 관리를 위한 프로젝트 관리 플랫폼으로, 개발 프로세스와 작업 현황을 시각화하는 데 최적화된 협업 도구다.

주요 기능

- 작업 시각화: 팀의 작업 현황과 진행 상태를 보드, 리스트, 타임라인 등으로 시각화하여 프로젝트 진행 상황을 파악할 수 있다.
- 프로젝트 관리: 제품 개발 로드맵을 전체 팀이 투명하게 공유하고 업데이트하여 의사 결정과 리소스 할당을 효율적으로 진행할 수 있다.
- 자동화 워크 플로: 반복적인 작업을 자동화하고, 다양한 외부 툴과의 연동을 통해 팀의 생산성을 높일 수 있다.
- 키보드 중심 인터페이스: 마우스 사용을 최소화하는

단축키와 커맨드 팔레트로 빠르게 작업을 관리할 수 있으며, 개발자 워크 플로에 최적화되어 있다.

사용 방법

프로젝트 관리 기능을 통해 제품 로드맵에 따라 우선순위를 설정하고 작업을 팀원에 할당할 수 있다. 보드, 리스트, 타임라인을 통해 전체 작업 현황과 이슈의 상태를 파악할 수 있다. 아울러 자동화를 설정하여 이슈 상태 변경에 따른 알림 및 업데이트를 처리할 수 있어 프로젝트를 효율적으로 관리할 수 있다.

활용 팁

작업 시각화 기능을 활용하여 작업의 평균 소요 시간을 분석하고 직관적인 인터페이스로 제품 개발 과정을 관리할 수 있다. 사이클(Cycle) 계획에 따라 작업을 체계적으로 구성하고, 정기적인 회고를 통해 개선점을 찾아 워크 플로를 지속적으로 최적화하는 것이 좋다. 이슈 상태에 변경이 있을 때 깃허브(Github), 슬랙(Slack), 피그마(Figma) 등 연결된 외부 도구의 상태를 업데이트하고 알림을 전송할 수 있다.

참고문헌

권보경(2024). AI시대 혁신 사례와 시사점 3 : 비즈니스 모델 혁신. 포스코경영연구원 산업연구. https://www.posri.re.kr/download.do?fid=4657&pid=8626

문예령 외(2024). 기업가정신 강화를 위한 디지털 청년창업일지 실증분석: Z세대의 스타트업 준비와 협업을 중심으로. ≪한국IT서비스학회지≫, 23(3), 91-101.

삼일회계법인(2024). 생성형 AI를 활용한 비즈니스의 현주소. 삼일PwC경영연구원 인사이트. https://www.pwc.com/kr/ko/insights/samil-insight/ai-business-use-cases.html

이채아 외(2024). AI기반 K-Food의 디지털 마케팅 전략 사례연구: 비건푸드의 북미시장 진출을 위한 SEO와 페르소나 설정을 중심으로. ≪한국인터넷방송통신학회 논문지≫, 24(5), 169-176.

Apotheker, J., et. al.(2025). From Potential to Profit: Closing the AI Impact Gap. BCG AI Radar Report. https://www.bcg.com/publications/2025/closing-the-ai-impact-gap

Bezos, J. P.(2017.4.17). 2016 Letter to Shareholders. *About Amazon.* https://www.aboutamazon.com/news/company-news/2016-letter-to-shareholders

Fleck, A.(2025.3.28). Alexa, What's America's Favorite Smart Speaker? *Statista.* https://www.statista.com/chart/23943/share-of-us-adults-who-own-smart-speakers/

Han, S., et al.(2025). A Comparative Study of Gemini-Based Semantic Clustering and LDA Topic Modeling: Analyzing Wellness Product Reviews on Amazon.com, Journal of Korea Multimedia Society, 28(7), 847

Lardinois, F.(2024.1.17). Notion launches a standalone calendar app. *TechCrunch.* https://techcrunch.com/2024/01/17/notion-launches-a-calendar-app/

Schultz, S.(2025.3.4). Building what customers need, not just what they ask for. *Linear Blog.* https://linear.app/blog/building-what-customers-need

Smith, D.(2022.5.6). The one failure that changed Amazon forever. *SlashGear.* https://www.slashgear.com/855550/the-one-failure-that-changed-amazon-forever/

Zhao, I.(2023.11.30). The crucial moments and decisions leading up to the launch of Notion AI. *Notion Blog.* https://www.notion.com/blog/behind-the-scenes-notion-ai

이한진

한동대학교 창의융합교육원 미네르바와 AI문화예술 모듈 교육과정 담당 교수다. ICT창업학부 겸임교수로 AI 기반 제품 기획 및 개발, 기업가정신 사례를 강의하며 EBS, TEDxSeoul에서도 소개되었다. 고려대학교에서 소비자행동론 기반 고객경험 실증연구를 주제로 디지털경영학 박사학위를 받았다. 연세대학교에서 사회학과 신문방송학(온라인 커뮤니케이션 세부전공)으로 학사와 석사과정을 졸업했다. 한국사회적기업진흥원 평가위원, 중소기업유통센터 자문위원, 서울청년시민위원, 아름다운커피 공정무역 시민대사로 활동했다.

현재는 교육부와 한국연구재단이 함께하는 빅데이터혁신공유대학 운영위원, 한국인터넷방송통신학회 및 한국멀티미디어학회 이사로 활동하고 있다. 저서로 《AI와 스토리텔링》(2024), 《AI와 문화예술: HTHT 콘텐츠 가이드》(2025) 등이 있다. "Enhancing Online Learning Engagement: Teacher Support, Psychological Needs Satisfaction and Interaction(BMC Psychology)"(2025), "시각예술 창작과 인공지능 협업의 상호작용에 관한 실증연구"(2024) 등 60편 이상의 논문을 SCI(E), SCOPUS, KCI 등재학술지에 게재했다. 과기부 주관 스마트빌리지 구축 사업(청소년 마음돌봄) 연구총괄, 문체부 주관 2025 지혜학교 〈AI와 문화예술〉 강의로 외연을 확장 중이다.

허웅

삼성전자 글로벌마케팅실 마케팅혁신팀 마케터다. 마케팅에서 AI를 활용한 비즈니스 혁신과 디지털 트랜스포메이션을 담당하고 있다. 연세대학교에서 사학과 정치외교학, 한국방송통신대학교에서 데이터과학과 컴퓨터과학 학사 학위를 취득했다. 그동안의 커리어를 통해 AI, 메타버스, 웹3 등 프로젝트를 수행하며 디지털 기술 기반 마케팅 혁신에 기여하고 있다. 현대자동차에서는 전기차 고객 경험 혁신 프로젝트를, 한국도요타에서는 웹사이트 개발 및 디지털 마케팅을, P&G에서는 데이터 기반 마케팅 전략을 담당했다. 2021년 대한민국 광고대상 이노베이션 부문에서 수상의 영예를 안았다. 현재 마케팅 자동화 시스템 구축과 AI 도입을 통한 디지털 역량 강화와 고객 경험 혁신에 집중하고 있다. AI 비즈니스 혁신 연구를 주제로 실무 경험 기반 학술 활동에 참여 중이다.